憲法概論

三好　充
鈴木義孚
長谷川史明

嵯峨野書院

はしがき

昨年（二〇〇〇年）当初、衆・参両議院に「憲法調査会」が設けられ、憲法に関する本格的な調査が開始された。今後のゆくえが注目される。

もっとも、憲法に対するスタンスが政党によって異なる。「改憲」論を主張する政党もあれば、「護憲」論を主張する政党もある。これまでは両派にわかれて議論されていたのであるが、最近では、「論憲」を主張する政党もみられる。しかし、各党とも、憲法の基本原則（国民主権・基本的人権の尊重・平和主義）は堅持すべきだ、という。

このような情況のなかで、われわれは憲法を学ぶ機会を得たのである。われわれとしては、学問を学ぶ姿勢を忘れることなく、現憲法を正しく理解し、客観的に分析し、そのあるべき姿を明確に認識するよう努めなければならない。

ところで、本書は、もともと大学・短大などの憲法の教材として、また、各種公務員試験などに役立つものとして編纂されたものであるが、しかし、それに加えて、このように憲法がおかれている現状を踏まえて、これを考えるときの資料としても役立つことを期待している。つまり、本書が憲法の将来像を考えるに際しての水先案内的役割を果せれば、と思うのである。
本書の出版に際しては、嵯峨野書院の中村忠義社長のお世話になった。ここに記して謝意を表する次第である。

二〇〇一年一月

執筆者を代表して
三好　充

目次

I 憲法総説

1　憲法の概念

(一)　憲法の意義

(a)　憲法という文字について

憲法という言葉であるが、これは、英語では、Constitution あるいは Constitutional law といい、仏語では、Constitution あるいは Droit constitutionnel といい、独語では、Verfassung あるいは Verfassungsrecht という。三者とも、もともと、「組織法」あるいは「構成法」という意をもつ。したがって、原義からすると、憲法とは、「国家の組織（あるいは、構成）法」ということになる。

ところで、わが国で、「憲法」という文字が使われるようになったのはいつ頃からであろうか。しかも、Constitution あるいは Verfassung に対応する意味での、つまり「国家の組織法」という意味での「憲法」という言葉が使われるようになったのはいつ頃からであろうか。

「憲法」という文字がわが国ではじめて使われたのは、七世紀のはじめ、聖徳太子自らが起稿したといわれる「十七条憲法」においてである、といわれる。しかし、その内容は、大和朝廷の役人の守るべき道を示したものであって、今日にいう「憲法」とは全くその意味を異にしていた。また、徳川時代にも、「憲法」という文字が使われた（たとえば、「憲法類纂」、「憲法部類」など）が、これらもやはり、役人の守るべき心得ともいうべき内容のものであった。

「憲法」が「国家の組織法」という意味で用いられるようになったのは、明治時代に入ってからである。一八七三年（明治六年）、箕作麟祥《みつくりりんしょう》がフランス六法を邦訳するにあたってはじめて、「憲法」という言葉を用いた、といわれる。その後、一八八二年（明治一五年）、伊藤博文が憲法制定調査のためヨーロッパ――主に、ドイツ・オーストリア――に派遣されたとき、明治天皇が伊藤に与えたといわれる「訓条三一項」の第一項に「欧州立憲君治国の憲法の沿革・現況など研究せよ」とあり、ここに用いられた「憲法」という文字が、わが国で公式用語として用いられた最初の例である、といわれる。

(b) 憲法の意味

憲法という言葉は、次のように、いろいろな意味で用いられる。

(イ) 固有の意味の憲法と立憲的（あるいは、近代的）意味の憲法　前者は、広い意味における憲法であり、国家の基礎法を意味する。この意味の憲法は、国家があるところには必ず存在するものである。したがって、わが国でも、この意味の憲法は建国以来存しているのである。

固有の意味の憲法のなかでも、立憲主義に立脚した近代国家の憲法を、特に、立憲的（あるいは、近代的）意味の憲法という。一七八九年八月二六日のフランスの「人および市民の権利の宣言」（Déclaration des droits de l'homme et citoyen du 26 août 1789）の一六条に、「すべて権利の保障が確保されず、権力の分立が定められていない社会は、憲法をもつものではない。」(Toute société dans laquelle la garantie des droits n'est pas assurée, ni la séparation des pouvoirs déterminée, n'a pas de Constitution.) とあるが、これはまさに、この意味の憲法の内容をもっともよく示している例であるといえよう。この意味の憲法は、わが国の場合、近代国家としての歩みをはじめた明治維新以降にはじめて存在するようになったということができる。

(ロ)　形式的意味の憲法と実質的意味の憲法　憲法が「成文法」(written law)の形式をとる場合、つまり、それが一つの法典として制定される場合、これを形式的意味の憲法という。一七七六年ないし一七八九年の間に制定されたアメリカ諸州の憲法および一七九一年九月三日のフランス憲法などが、その最初の例として挙げられる。わが国の場合、大日本帝国憲法(いわゆる明治憲法)および日本国憲法がその例である。なお、英国にはこの意味の憲法は存在しない。*

形式的意味の憲法に対して、実質的意味の憲法という概念が用いられるが、これは、憲法の存在形式――つまり、成文法か不文法か――を問わず、およそ実質的にみて、国家の基礎法の全体をいう。したがって、その実体は、固有の意味の憲法と同じである。

＊　「イギリスに憲法なし」といわれることがあるが、それは、イギリスには成文の憲法典がないということを意味するに過ぎない。

(二) 憲法の種別

憲法は、いろいろな観点から、次のように分類される。

(a) 法の存在形式による分類

成文の法典の形式を与えられた憲法を成文憲法といい、そのような形式を与えられていない憲法を不文憲法という。

近代および現代の憲法は――英国の場合を除くと――ほとんどすべてが成文憲法の形式をとる。わが国の場合もその例にもれず、大日本帝国憲法も、今日の日本国憲法も成文憲法の形式をとる。

不文憲法は、固有の意味の憲法――つまり、国家の基礎法――が成文の憲法典として制定されずにいるところの憲法をいうが、不文憲法の国の例として英国を挙げることができる。英国の場合、憲法の主要な部分が通常の法律の形式で定められたり（たとえば、一二一五年のマグナ・カルタ、一六二八年の権利請願、一六八九年の権利章典、一七〇〇年の王位継承法、一九一一年の議会法など）、慣習法ないし憲法的習律として確立されている（たとえば、大臣助言制や議員内閣制など）。

(b) 制定手続による分類

制定手続により憲法が分類される。

まず、欽定憲法であるが、これは、君主主権の思想にもとづき、君主の意思により制定された憲法である。一八一四年のフランス憲法や、わが国の明治憲法など、その例である。

つぎに、民定憲法を挙げることができる。これは、国民主権の思想にもとづき、国民が直接あるいは間接に制定する憲法である。アメリカ諸州の憲法や一七九一年のフランス憲法や一九一九年のワイマール憲法など、その例である。

さらに、「君民」協約憲法や条約（連邦）憲法も挙げることができる。前者は、君主国において、君主と国民（もしくは、その代表者）との合意によって制定される憲法である。一八三〇年のフランス憲法など、その例である。後者は、多くの国家が合意によって連邦国家を創設するときの憲法である。一七八七年のアメリカ合衆国憲法や、一八七一年のドイツ・ライヒ憲法が、その例である。

(c) 改正手続による分類

憲法の改正手続の難易を基準にして、硬性憲法（rigid constitution）と軟性憲法（flexible constitution）とに区分される。前者は、憲法の改正にあたって、通常の法律の改正の場合とは異なり、特別な手続を必要とする憲法をいい、後者は、その改正に特別な手続を必要としない憲法をいう。前者の場合に必要とされる特別な手続として、議会の議決要件の加重や、議会の議決要件と国民投票の併用などを挙げることができる。

近代および現代の憲法は概して硬性憲法である。わが国における明治憲法も日本国憲法もともに硬性憲法である。なお、軟性憲法の例として、一八四七年のイタリア・サルジニア憲法や、一九四七年のニュージーランド憲法を挙げることができる。もちろん、憲法典をもたない英国も、現在なお、軟性憲法の国であるといえる。

ところで、硬性憲法の場合、改正を困難にすることによって、憲法の継続性と安全性が期待されるし、軟性憲法の場合、改正を容易にすることによって、憲法を情況の変化に対応させることができる。しかし、この区別は、形式的なものでしかないというべきではないだろうか。というのは、硬性憲法であるアメリカ合衆国憲法やスイス憲法などは相当頻繁に改正されているのに対し、軟性憲法である英国憲法は、特にその基本的な部分——たとえば、立憲君主制や議院内閣制など——に関しては、強い安定性を維持しているからである。したがって、硬性・軟性の区別をもって、憲法改正の難易をただちに意味する、などというべきではないように思われる。

(三) 憲法の特質

憲法は、国家の法体系のなかで最高の段階に位し、しかも、もっとも強い形式的効力をもつ法規範である。それは、主として、次のような特質をもつ。

(a) 最高法規性

まず、憲法は、最高法規性をもつ。

日本国憲法は、その第一〇章において、「最高法規」という章名のもとに、憲法の最高法規性を強調している。その九八条一項は、「この憲法は、国の最高法規であつて……」と規定し、そのことを端的に表現している。しかも、九九条では、「天皇又は摂政及び国務大臣、国会議員、裁判官その他の公務員は、この憲法を尊重し擁護する義務を負ふ」と定め、憲法の運用につき直接の責任を負う国家機関の、憲法の尊重および擁護の義務を強調することによって、憲法の最高法規性の確保をはかる意図を示すのである。

(b) 根本規範性

次に、憲法は、根本規範性をもつ。

憲法は最高法規範であり、したがって、他の法規範――法律・命令など――は、憲法にもとづき、その授権と制限のもとに成立するが、それでは、憲法それ自体はどのような根拠にもとづいて成立しているのであろうか。

憲法は、それを根拠づけるものとしての根本規範(Grundnorm)を内包しているといわれる。つまり、憲法の各条項のなかには、他の条項よりも一段次元の高い条項が存すると理解するのである。それが根本規範であり、憲法の根拠をなし、またその内容を規律するのである。根本規範は、国法体系においては、特別の法形式を与えられていないので、実定法としての憲法のなかに、その姿を呈しているのである。

それでは、具体的に、根本規範とは憲法のなかのどの部分をさすのかというと、それは、次の二つの部分をいうのである。一つは、誰が憲法制定権力をもつかを定める部分であり、他の一つは、その憲法の基本原則を示す部分である。たとえば、各国の憲法に、主権または国家権力が国民に存するといい、あるいは君主に存するという趣旨の規定があるが、それが前者の例である。さらに具体的にいうと、日本国憲法において、「主権が国民に存することを宣言し」(前文)と定めている部分や、明治憲法において、「大日本帝国ハ万世一系ノ天皇之ヲ統治ス」(一条)と定めている部分が、それである。また、後者の例としては、憲法制定権力がその憲法を制定するにあたってとった基本的立場を示す部分をいう。たとえば、統治組織の基本原理や基本的人権尊重の原理などをさす。

わが国における根本規範は、国民主権主義、基本的人権尊重主義および永久平和主義をその内容とするが、その根底には「個人の尊厳」の原理の存することを忘れてはならない(清宮四郎・憲法I(新版)三三頁―三四頁、宮沢俊義・憲法(改訂版)六八頁)。

ところで、憲法のなかには、それより上位の法規範としての根本規範が存在するということになると、憲法改正にその限界を認めることになる。このことは、法の段階的構造――ないし、法の形式的効力*――の点からいって承認されよう。つまり、法律の上位にあり、しかもその根拠をなす憲法は、その法律の制定・改正によって変更することができないように、憲法の上位にあり、しかもその根拠をなす根本規範は、論理的にいって、その憲法の改正手続によっては変更できないと解すべきだからである。したがって、根本規範を構成する憲法制定力に関する部分や、憲法の基本原則に関する部分は、憲法改正によっても変更することができない。それらを変更することは、憲法を超えた作用であり、いわゆる「革命」を意味する。

＊　法の形式的効力とは、憲法・法律・命令・規則などの法形式は上・下の段階的構造をなしており、法形式相互間に効力の優劣が認められることをいう。したがって、下位の法規が上位の法規に抵触すると効力をもたないことになる。

2　日本国憲法の由来とその基本原理

(一)　日本国憲法の由来

すでにみたように、固有の意味の憲法は、国家があるところには必ず存するので、わが国においても、この意味の憲法は建国以来存在するのである。しかし、わが国が立憲的意味の憲法をもつようになったのは、近代国家としての歩みをはじめた明治維新以降である。わが国におけるこの意味の憲法として、一八九〇年（明治二三年）一一月二九日に施行された大日本帝国憲法（明治憲法）と一九四七年（昭和二二年）五月三日に施行された現行の日本国憲法の二つがある。

まず、明治憲法の成立とその基本的特色について簡単に触れ、ついで、日本国憲法の成立およびその基本原理を検討する。

(a) 明治憲法の成立とその基本的特色

(イ) 明治憲法の成立　明治維新により、それまでの幕藩体制が崩壊し、天皇を中心とする中央集権的国家が誕生する。

明治天皇は、一八七六年(明治九年)九月七日、憲法起草の勅令を下す。それを受けて、元老院により任命された国憲取調委員は、「日本国憲法按」(一八七八年)や、「国憲」(一八八〇年)と題する憲法案を作成したが、結局、いずれも採択されるには至らなかった。

そこで、政府は、伊藤博文をヨーロッパに派遣して、憲法を調査させることにした。伊藤は、一八八二年(明治一五年)三月、日本を出発し、主にドイツ・オーストリア系の憲法を調査し、翌年八月帰国した。伊藤は、ドイツではグナイスト(Rudolf Gneist)、オーストリアではシュタイン(Lorenz von Stein)などのもとで、憲法を学んだ。伊藤が彼らから憲法を学んだのは、当時のドイツ系憲法の基本原理をなしていたところの「ドイツ的立憲君主主義」が、当時の明治政府の支配的意見にもっともよく適合していたからである。

伊藤は、帰朝後、井上毅・伊東已代治・金子堅太郎の三名の幕僚とともに、憲法ならびに関係法令案の作成に着手し、その成案は、一八八八年(明治二一年)四月、奏上された。その成案は、さらに枢密院に諮詢され、なかでも憲法案は、翌年の一八八九年(明治二二年)二月一一日、大日本帝国憲法として勅定され、官報で公布された。

(ロ) 明治憲法の基本的特色　明治憲法は、その制定経過からいって、まず、一九世紀の「ドイツ的立憲君主主義*」をその基礎に据えていたということができるが、それはしかも、その上、特殊日本的な強度の神権主義**で着色されていたといわれる。***

ところで、明治憲法は、「専主的」な原理と「民主的な」原理との、相反する二つの原理の妥協をその基調にしていたといわれる。

まず、専主的な原理として、天皇主権を挙げることができる。また神意主権あるいは神勅主権と称されるこの原理は、明治憲法全体系を貫く根本原理をなしていた。しかも、天皇は統治権の総攬者であった（四条）。つまり、天皇がその機能を行使するに際し、立法権については、帝国議会の「協賛」（五条）が不可欠であったし、行政権については、国務大臣の「輔弼」（五五条）を必要としたし、司法権については、裁判所が天皇の委任を受けてこれを行使する（五七条）とされていたが、しかし、これらの権能はすべて究極において天皇に属するという建前がとられていたのである。

つぎに、民主的原理として、次の諸点を挙げることができる。

まずいえることは、明治憲法が近代立憲主義の二大支柱である三権分立の原則と人権保障の原理の要請に、形式的ではあるが、応えようとしていたということである。まず、前者の要請に応える例として、帝国議会の設置（第三章）、大臣助言制（五五条）、司法権の独立の原則を挙げることができる。しかし、帝国議会の構成をみると、貴族院のような特権的存在が認められており、また、大臣助言制といっても、枢密顧問を設けるなど、それは徹底したものではなかったのである。つぎに、後者の要請に対しては、「臣民権利義務」（第二章）のもとに臣民の権利の保障が規定されていた。しかし、そこで保障されていた権利・自由は、日本臣民たることにもとづいて、天皇の意思により与えられたものであり、憲法以前に存したもの——つまり、人間たることにもとづいて当然に認められる権利・自由——ではなかった。

＊　立憲主義というのは、本来、君主の権力を議会によって制限することをいうが、「ドイツ的立憲君主主義」は、外見的にはそうであっても、実質的には、君主の権力を最大限に温存するところに、その意義があった。

＊＊　強度の神権主義というのは、天皇が神勅に基づいて大日本帝国を統治するという考え方をいう。だからであろう、明治憲法を「皇国《すめらみくに》憲法」と称する学者もいたといわれる。

＊＊＊　ところで、西園寺公望（一八四九—一九四〇）は、井上毅の遺稿集「梧陰存稿」に書き込みをし、次のように述べている。井上は「古事記」や「日本書紀」を例に引き、明治憲法がヨーロッパの模倣ではなく、「遠つ御祖の不文憲法の今日に発達したるものなり」と日本の独自性を強調しているが、それは、「架空の神話に基づき権威づけしている」に過ぎない、とし、さらに、「妄誕《もうたん》ノ史（＝架空の神話）ヲ重スルガ如キハ大ニ国ニ損アリ」「学問ナキヲ自白セリ、梧陰遂ニ一種ノ偽君子タルヲ免カレズ」と非難している（朝日新聞一九九〇年一〇月九日）。

(b)　日本国憲法の成立

(イ)　降伏とポツダム宣言の受諾　一九四五年（昭和二〇年）七月二六日、米合衆国・英国・中華民国は、ドイツのベルリン郊外のポツダムで、ポツダム宣言（Potsdam Declaration）を発表して、日本の無条件降伏を要求した。八月に入って、広島・長崎への歴史的な原子爆弾の投下とソ連の対日宣戦があり、ついに、わが国は、八月一五日、ポツダム宣言を受諾し、無条件降伏した。

(ロ) 憲法改正の経過　降伏と同時に、日本は、ポツダム宣言の条項を実施する義務を負った。そその義務を履行するためには、明治憲法の根本的改正が不可避であった。

まず、東久邇宮内閣の近衛国務大臣が、一九四五年一〇月四日、連合国最高司令官マッカーサー元帥の指示を受け、憲法調査に着手した。同年一一月二二日、彼は、憲法改正の大綱を天皇に奉呈したが、その大綱は別段の意味をもたなかった。

東久邇内閣の後をうけた幣原内閣もまた、同年一〇月一一日、同じ指令をマッカーサーから受けた。幣原内閣は、同年一〇月二七日、松本国務大臣を主任者とした憲法問題調査委員会を設け、憲法改正にとりかかった。しかし、翌年二月八日総指令部に提出された「松本四原則*」を中心とした成案は、明治憲法の部分的改正に過ぎなかった。

ところで、憲法改正の問題は、ポツダム宣言の趣旨に従って、明治憲法を民主主義化することにあった。松本案は、その趣旨に沿うものではなく、マッカーサーは、この案を不適当とし、連合国みずから憲法改正草案を作成することにした。

マッカーサー草案が作成される否や、一九四六年二月一三日、マッカーサーは、この草案を日本政府に示し、その採用を求めた。日本政府は、これに応じ、その草案に若干の修正を加え、「憲法改正草案要綱」を起草し、同年三月六日、これを公表した。それが、その後若干の修正を経て、「日本国憲法」

になったのであるが、この要綱は、国民主権・平和主義・人権尊重主義を原則としており、当時の人々の一般の予想をはるかに超えたものであった。

＊　松本四原則　①天皇が統治権を総攬するという大原則にはなんら変更を加えないということ、②議会の議決事項を拡大し、大権事項をある程度制限すること、③国務大臣の責任を国務の全般に及ぼし、国務大臣が議会に対して責任を負うこと、④人民の自由・権利の保護を強化すること。

(ハ)　日本国憲法の成立　一九四六年四月一〇日、衆議院議員の総選挙が行われ、「憲法改正草案要綱」は、そこでの重要な争点となった。

総選挙後、幣原内閣は、この要綱を条文化し、「憲法改正草案」として公表した。それは一一章一〇〇条からなり、平がなまじりの口語体であった。

この草案は、ただちに枢密院の諮詢を経て、第九〇回帝国議会に上程され、衆議院における二ヵ月間の審議と貴族院における約一ヵ月半の審議を経て、若干の修正を附されたものの、圧倒的多数の賛成のもとに、帝国議会を通過し、ふたたび枢密院にかけられ、一九四六年一〇月二九日、そこで可決された後、天皇の裁可を経て、同年一一月三日公布された。これが日本国憲法である。そして、この憲法は、「公布の日から起算して六箇月を経過した日」（一〇〇条一項）、つまり、一九四七年五月三日から施行された。

(ニ)　憲法制定行為の性質　日本国憲法は、明治憲法七三条の定める改正手続に従って成立した。

しかし、その内容をみると、明治憲法の根本原理である天皇主権の原理が国民主権の原理へ移行しており、その改正は、明らかに、明治憲法の適用の限界を越えるものである。したがって、法理上、日本国憲法は、明治憲法七三条による改正であると考えることはできない。

日本国憲法は、形式的には、明治憲法七三条の改正手続によって成立したものであるが、実質的には、ポツダム宣言の受諾と同時にもたらされた国民主権の原理にもとづいて制定された「新憲法」であると理解すべきである。

ところで、このような改正手続をとり、新・旧両憲法のあいだに「法的連続性」をもたせたことは、法的には説明できないが、しかし、政治的観点からすると、それなりの意義があったものとみなされている。つまり、戦後の混乱のなかにあって、革命的な変革を秩序的に平穏に遂行するためには、できるだけ新・旧両憲法のあいだに平和的な継続性をもたせる必要があったからである。

(二) 日本国憲法の基本原理

日本国憲法は、ポツダム宣言の要求に応えるべく制定されたものであるから、その宣言の趣旨を当然に内包していなければならない。その宣言の趣旨とは、「無責任な軍国主義の駆逐」(六項)、「民主主義的傾向の復活強化」(一〇項)、「基本的人権の尊重」(一〇項)である。そこで、通例、日本国憲法の基本原理として、①個人の尊厳・基本的人権の尊重、②国民主権、③平和主義が挙げられるのである。

(a) 個人の尊厳・基本的人権の尊厳

日本国憲法の根元をなす基本原理は、「個人の尊厳」である*(宮沢俊義・憲法(改訂版)六八頁、清宮・佐藤・憲法講座I三頁)。「個人の尊厳」とは、「人間社会のあらゆる価値の根元が個人にあると考え、他の何ものにもまさって個人を尊重しようとする原理」(同上)をいう。これは、「個人主義」とも、あるいは「人間主義」ともいわれる。日本国憲法の基本原理は、いずれもこの根元的原理から派生するものと解される。

個人の尊厳の原理は、当然、基本的人権尊重の原理をもたらす。つまり、個人を尊重することは、いうまでもなく、個人の自由とその生存を尊重することでもあるからである。

* フランス革命の理念も、究極的には、「個人の尊厳」に発するといわれる(清宮・佐藤・憲法講座I三頁)。西ドイツ憲法が「人間の尊厳は不可侵である」(一条)と規定するが、これも、「個人の尊厳」の原理をうたったものである。

(b) 国民主権

日本国憲法は、明治憲法における天皇主権を否定し、国民主権を確立した。

個人の尊厳の原理からすると、個人がすべての価値の根元であるから、政治権力の源も個人にあると考えられるべきであり、そのコロラリーとして、国民主権の原理が導きだされる。

日本国憲法は、国民主権を確保しかつそれを具体化する制度として、原則として、代表民主制をとる。前文が「日本国民は、正当に選挙された国会における代表者を通じて行動し」「国政は、国民の厳粛な信託によるものであつて、その権威は国民に由来し、その権力は国民の代表者がこれを行使し」と述べているのは、代表民主制の原則を宣言したものであると解される。その本文では、一五条で、公務員の選定・罷免に対する国民固有の権利を認め、ついで、四三条で、国会議員の公選の原則を、そして、九三条二項で、地方公共団体の長および議員の公選の原則を定める。

日本国憲法は、例外的に、直接民主制をとる。憲法改正のための国民投票の制度（九六条）、地方特別法の住民投票の制度（九五条）および最高裁判所裁判官の国民審査（七九条）が、その例である。

(c) 平和主義

平和主義は、日本国憲法の最大の特色をなす。それは、第二次世界大戦の惨禍に対する反省と、戦争を二度とくりかえすまいとする決意から生まれたものである。つまり、前文にあるように、日本国民は、「政府の行為によつて再び戦争の惨禍が起ることのないやうにすることを決意し」、「恒久の平和を念願し、人間相互の関係を支配する崇高な理想を深く自覚」したのである。

平和主義も、「個人の尊厳」の原理から導きだされる。多くの人の生命を危険にさらし、自由をいちじるしく制限する戦争が、この原理と相容れないことは明らかだからである。

3 戦争の放棄と平和主義

(一) 平和主義の理念

平和を論じたものとして、すでに、グロチウスの「戦争と平和の法」(一六二五年)、カントの「永久平和論」(一七九五年)などがあるが、しかし、人類の平和は、洋の東西を問わず、常に新しい課題である。

憲法のなかに平和主義に関する規定を設けたもっとも古い例として、一七九一年のフランス憲法を挙げることができる。一八四八年のフランス共和国憲法の前文も、同様の趣旨をうたっている。特に、第二次世界大戦後には、憲法上に戦争の制限や平和主義に関する規定を設ける国が多くみられるようになった。

ところで、人類は、史上二度にわたって、世界大戦による未曽有の惨禍を経験した。世界の国民は、再びこのような惨禍を繰り返すことなく、世界永久の平和の基礎を確立すべく、第一次大戦を契機に国際連盟を設立し(一九二〇年)、第二次大戦を契機に国際連合を設立した(一九四五年)。

これらの国際平和機構は、各国に主権を認め、自衛の戦争を行う権利も、また、そのための軍備の保持も認め、しかも、加盟国の安全は、いわゆる集団安全保障制度のもとで維持しようとするのである。第二次大戦後に制定された各国憲法の戦争の制限や平和主義に関する規定は、これらの国際平和機構に対応し、したがって、戦争の制限といっても、全面的・無条件的なものではなかった。つまり、各国家において禁止されるのは、侵略戦争であり、自衛の戦争も、そのための軍備も、各国家に当然に留保されるのである。

日本国憲法九条は、他の諸国の平和主義や戦争の制限に関する規定とは明らかに異なり、それらの規定の趣旨を飛び越え、自衛戦争を含めすべての戦争を放棄し、しかも、それに伴っての一切の軍備も保持しないとするのである。それは、世界に比類のない徹底した平和主義を規定するものである。

(二) 戦争の放棄

国際法上、「戦争」とは、①侵略戦争、②制裁戦争、③自衛戦争をいう。従来の各国憲法における平和主義に関する規定をみると、侵略戦争は否認するが、制裁戦争および自衛戦争は、放棄するまでに至っていない。しかし、日本国憲法は、「正義と秩序を基調とする国際平和を誠実に希求し、国権の発動たる戦争と、武力による威嚇又は武力の行使は、……永久にこれを放棄する」(九条一項)とうたい、一切の戦争を永久に放棄したのである。

もっとも、これらの、戦争ないしこれに準ずる行為は、「国際紛争を解決する手段としては」永久に放棄する、と規定されているところから、この限定句の解釈については、従来から、学説が対立している。

一方の説によると、「国際紛争を解決する手段として」の戦争ないしそれに準ずる行為とは、侵略戦争を意味し、したがって、それ以外の戦争——つまり、自衛戦争および制裁戦争——はそのなかに含まれないとする。他方の説によると、「戦争」とはすべての戦争をいい、「国際紛争を解決する手段として」ではない戦争はない、つまり、侵略戦争であれ、自衛戦争であれ、あるいは制裁戦争であれ、すべて「国際紛争を解決する手段として」行われるものである、と解釈するのである。

確かに、九条一項を反対解釈すると、「制裁戦争」や「自衛戦争」は放棄していないようにも読めないでもない。しかし、次のような理由から、自衛の戦争も含めいっさいの戦争を放棄したものと解すべきである。まず、現代の戦争のほとんどが自衛の戦争の名を冠した戦争であり、その実質は侵略戦争である。したがって、自衛の戦争を認めれば、九条を規定した意味が失われることになる。次に、九条は、その全体を通して解釈されるべきであり、したがって、その二項では、戦争を行う物質的手段としての陸海空軍その他の戦力の保持を否定し、さらに、戦争を行う法的根拠としての交戦権を否認し、その結果、自衛の戦争をも含めいっさいの戦争を放棄したものと解釈されるのである。

(三) 戦力の不保持

九条一項が侵略戦争のみを放棄し、自衛の戦争は放棄しないとする説は、二項の「前項の目的」とは、侵略戦争を放棄するという目的のことであり、したがって、二項の「陸海空軍その他の戦力は、これを保持しない」とは、侵略戦争のための戦力を保持しないとしたのであって、自衛戦争のための戦力は、これを保持できると解釈するのである。

しかし、九条二項の「前項の目的」とは、むしろ、一項の「日本国民は、正義と秩序を基調とする国際平和を誠実に希求」するという目的を指すと解すべきである。もし、九条が自衛戦争のための戦力の保持を認めているのであるならば、明治憲法のように軍隊の編成などに関する規定を憲法のどこかに設けていなければならないはずである。しかし、この種の規定がどこにもみられないということは、いっさいの軍備の保持を禁止しているものと解すべきことになる。

(四) 「戦力」の意義

九条二項でいう「その他の戦力*」とはどういう内容のものをいうのであろうか。

戦力の内容を明らかにするためには、戦力に類するもの——つまり、非戦力——との違いを明確にする必要があろう。その場合、戦力に類するもの——非戦力——の例としては、たとえば、警察力が挙げられよう。

警察力とは、国内の治安維持を目的とした闘争的実力をいい、その実力は、その目的である国内の治安維持の限度内になければならない。その実力がその目的の限度を越えれば、つまり、対外戦争の遂行という目的にも用いられるようになれば、それは戦力であるといわねばならないであろう。

したがって、戦力と非戦力との区別の基準を求めるならば、それは、次のようにいうことができよう。戦力とは、軍隊ないし対外戦争の遂行を目的とした闘争的実力をいい、非戦力――つまり、警察力――とは、国内の治安維持を目的とした闘争的実力をいう。

そして、前者も後者もともに、その目的とその実力とは相互に不可分に関連するものでなければならない。表面上は警察力を維持していても、その実力が客観的にみて、対外戦争の遂行の目的にも用いられ得る程度に達しているならば、それは、警察力ではなく、戦力とみなされるべきである。

＊ 「戦力」の解釈については、一九七三年の札幌地裁判決が注目される。それによると、「その他の戦力」とは、「陸海空軍以外の軍隊か、または、軍という名称をもたなくとも、これに準じ、またはこれに匹敵する実力をもち、必要ある場合には戦争目的に転化できる人的・物的手段としての組織体」をいう（札幌地判四八・九・七「長沼ナイキ基地訴訟」判時七一二・二四）

ところで、政府の見解によると、当初「戦力」とは、「近代戦争遂行能力」である（一九五四・五・二〇）とされていたが、その後の政府の統一見解（一九七二・一一・一二）では、憲法九条二項が保持を禁じている「戦力」とは、自衛のための必要最小限度を越えるものであると解釈するようになった。そして、同年三月九日の参議院における政府の「統一見解」によると、憲法九条二項は、自衛のための必要最小限度を越えない実力を保有することを禁じないとし、したがって、核兵器であっても、その保持を禁じないとするのである（佐藤功・「最近の防衛論争と『戦力』論議」・ジュリスト六六三号五五頁以下）。

(五) 交戦権の否認

九条二項は、「国の交戦権は、これを認めない」と規定する。

交戦権とは、狭義には、国家が戦争を始めた場合に、国際法上、交戦国として有する諸権利——たとえば、敵国船を捕獲する権利、敵国の海岸を封鎖する権利など——をいうが、広義には、文字通り、国家が戦争を行う権利をいう。

九条二項については、これを狭義に解すると、国には戦争を行う権利はあるが、交戦国として国際法上認められる諸権利は認められないということになるので、広義に解釈すべきであろう。従来、交戦権は国家の主権の一部とされてきたのであるが、それさえも放棄したという意味がここには含まれていると解すべきだからである。

〈参考文献〉

宮沢俊義『憲法〈改訂版〉』有斐閣、一九七二年。
清宮四郎『憲法Ⅰ〈三版〉』有斐閣、一九七九年。
和田英夫『新版憲法体系』勁草書房、一九八三年。

佐藤功『日本国憲法概説〈全訂五版〉』学陽書房、一九九六年。

II 基本的人権の保障

1　人権一般について

(一)　人権宣言について

近代諸国の憲法をみると、そのほとんどが「人権宣言」に関する規律をもつ。

「人権宣言」の歴史をたどると、一二一五年のイギリスのマグナ・カルタ (Magna Carta) にまでさかのぼることができるが、現在のような型での人権宣言ができたのは、一八世紀のおわりであり、一七七六年のアメリカ独立革命や一七八九年のフランス大革命をその契機とする。一七七六年ないし一七八九年のあいだに制定されたアメリカ諸州の憲法における人権宣言や一七八九年のフランスの「人および市民の権利の宣言」——これは、一七九一年九月のフランス憲法の冒頭におかれた——が、その例である。

一八世紀末のこれらの人権宣言は、自由国家観にもとづいており、人間は生まれながらにして他人に譲り渡すことのできない固有の権利をもち、その権利を保持するために国家が設けられるという考え方をその基調とする。そこでは、主として、各種の自由権が宣言・保障された。このような自由国家観にもとづく人権宣言は、一般に、「自由国家的人権宣言」という。

やがて、二〇世紀に入って、第一次世界大戦の終了と同時に、諸国の人権宣言に新しい人権が登場するようになる。つまり、これらの人権宣言は、社会国家・福祉国家の理念のもとに、各種の自由権とならんで、各種の社会権を宣言・保障するのである。このような社会国家観にもとづく人権宣言を「社会国家的人権宣言」という。一九一九年のワイマール憲法をその典型的例として挙げることができよう。

とりわけ、第二次世界大戦後には、ヨーロッパ諸国を中心に、社会国家・福祉国家の理念にもとづく憲法が数多く誕生し、そこでは例外なく各種の社会権が宣言・保障された。

ところで、第二次世界大戦後は、人権保障の国際化が促進された点を注目しなければならない。国連憲章（一九四五年）が、人権の国際法的保障をその目的として掲げているし、一九四八年一二月一〇日の国連総会で採択された「世界人権宣言」は、「人間社会のすべての構成員の固有の尊厳と平等で譲ることのできない人権とを承認することは、世界における自由、正義及び平等の基礎である」（前文）とし、全世界的な人権の確立をめざしている。さらに、一九六六年の国連総会で採択され、一九七六年に発効した「国際人権規約」では、前二者の精神が再確認され、国際人権の規約化が意図されているのである。

＊ 当初の人権宣言では、伝統的人権としての精神的自由や人身の自由や経済的自由が主たる内容をなしていた。なかでも、

経済的自由――私有財産権の不可侵・職業選択の自由・契約の自由等――は、資本主義の発展をもたらしたが、同時に、階級の対立およびいろいろな社会問題を発生させた。つまり、国家の不介入を前提とする経済的自由の保障は、多くの経済的弱者の犠牲において少数の富める経済的強者の利益を保護する結果になる。そこで、経済的弱者の自由を実質的に確保するためには、国家が積極的に介入して多くの経済的弱者に対して手をさしのべねばならないという考え方が起こってくる。そこに生まれたのが社会権である。

(二) 人権宣言に関する明治憲法と日本国憲法

基本的人権（Fundamental human rights）という文言がわが国で最初に公式的に登場したのは、「ポツダム宣言」においてである。そして、マッカーサー草案で、この文言が用いられ、これにもとづいて作成された日本国憲法では、その一一条と九七条において、この文言を用いると同時に、その本質を規定するのである。

日本国憲法一一条および九七条から判断すると、そこに用いられる基本的人権は、一八世紀末のアメリカの独立革命およびフランスの大革命の結果誕生した諸人権宣言で宣言、保障された人権と同じ性質をもつ。つまり、それは、前国家的・前憲法的性格を有し、「『人間性』からいわば論理必然的に生ずる権利」（宮沢俊義・憲法Ⅱ七七頁）であり、したがって、そのような性質の基本的人権を保障する日本国憲法の「人権宣言」は、固有の意味の人権宣言――つまり、「本来的人権宣言」――としての性質を有するのである。

これに対し、明治憲法における「人権宣言」はどうかというと、形式的には、本来の伝統的な人権宣言に似ているが、しかし、その本来の意味の——つまり、前国家的・前憲法的——性格をもった「人権」をその内容とはしていなかったので、本来的意味の人権宣言ではなく、「外見的人権宣言」と呼ばれるべきものである*（宮沢・前掲書一九〇頁）。

人権宣言に関する明治憲法と日本国憲法の具体的な違いとして、次の諸点を挙げることができる。

(イ) 明治憲法のもとにおいては、天皇が主権者であり、国民は、「臣民」として、天皇の統治権に絶対的に服従する地位にあった。明治憲法第二章で宣言・保障される権利・自由は、したがって、天皇ないし国家によって与えられたものであり、「此ノ憲法及法律ノ範囲内ニ於テ其ノ享有ヲ完全ナラシムヘキ」（上諭）であり、天皇ないし国家がその必要を感ずればいつでも法律を制定して、それらを制限することができたのである。**

ところが日本国憲法においては、「国民」は、みずからが統治の主体であり、しかも、明治憲法下の「臣民」のように国家によって権利・自由を与えられるのではなく、国家に先立って、生まれながらにして、「侵すことのできない永久の権利」としての基本的人権を享有するのである。日本国憲法第三章で宣言・保障される権利・自由は、したがって、法律によっても、さらには憲法改正によっても侵すことは許されないのである。***

(ロ) このような、憲法における権利・自由の保障の方式の違いもさることながら、さらに、その保障の内容にも大きな違いがみられる。つまり、明治憲法第二章において保障される権利・自由は、主として自由権的なものばかりであり、その条文の数も、全体でわずか一五ヵ条に過ぎなかった。ところが、日本国憲法第三章では、保障の対象となる権利・自由の範囲が非常に広くなり、その数も三一ヵ条を数えるに至っている。つまり、そこでは、自由権のほかに、いわゆる二〇世紀的な社会権も保障され、そのうえ、違憲立法審査制度の導入によるそれらの司法的保障が確立され（一九八一年）、明治憲法時代に比べ、人権保障の飛躍的拡充、発展がはかられているのである。

＊　なお、「本来的人権宣言」とは、アメリカ、フランス両革命の結果誕生した人権宣言であり、自然法思想にもとづき、「人間性」から論理必然的に派生するもの、つまり、「天賦の人権」という考え方をその内容とするところの人権宣言をいう。これに対し、「外見的人権宣言」というのは、本来の人権を眼中においてはいるが、しかし、その実質においては、その承認を拒否し、外見上それらを尊重するような形式をとっているに過ぎないところの人権宣言をいう。したがって、そこで保障される「人権」は前国家的なものではなく、国家によって与えられたものであるから、国家はそれらの人権を制限することができるのである（宮沢・前掲書二〇頁以下、八〇頁以下）。

＊＊　つまり、明治憲法のもとで保障される権利・自由は、そのほとんどについて、「法律ノ範囲内ニ於テ」とか、「法律ニ依ルニ非スシテ」とか、「法律ニ定メタル場合ヲ除ク外」など、いわゆる「法律の留保」(Vorbehalt des Gesetzes) が付され、法律によれば、どのような制限も加えることができた。したがって、明治憲法のもとでは、真の人権の保障は確立されていなかったということができる。

＊＊＊　つまり、憲法が「国民は、すべての基本的人権の享有を妨げられない。この憲法が国民に保障する基本的人権は、侵すことのできない永久の権利として、現在及び将来の国民に与へられる」と定め（一一条）、また、同じく、基本的人権が「現在及び将来の国民に対し、侵すことのできない永久の権利として信託されたものである」と規定するのは、国民が人間とし

て生まれながらにして基本的人権を享有するという原理を宣言するものである。つまり、まず、一一条前段が、「国民は、すべての基本的人権の享有を妨げられない」と定めているのは、基本的人権の観念がいわば憲法に先立って存在するということを憲法上に確認的に宣言したものであり、そして、一一条後段が「この憲法が国民に保障する基本的人権」といっているのは、前段を受けて、その基本的人権を憲法上のものとしてとり入れるという趣旨を示しているのである。

基本的人権が「侵すことのできない永久の権利」であり、しかも国家以前に存在するものであるならば、当然それは国家権力によっては制限してはならないことになる。

(三) 人権の類型

(a) 人権の種別

人権宣言における人権は、種々の基準にもとづいて、様々に分類、体系化される。

たとえば、イエリネック (G. Jellinek) は、国家に対して国民がどのような地位にあるかを基準にして、その体系化を行った。つまり、国家に対して国民の有する四つの地位——消極的地位・積極的地位・能動的地位・受動的地位——に応じて、それぞれ、自由権・受益権・参政権・「義務」づけられる関係に体系化されるというのである。

その後の人権の分類も、このイエリネックの体系論がその基礎になって展開されている。しかし、現在では、資本主義経済の高度化にともなって社会構造も変化し、さらに新たな角度からの体系論にもとづく人権の分類が課題になっている。*

日本国憲法の人権宣言は、第三章の「国民の権利及び義務」（一〇条〜四〇条）を指すが、これを人権の歴史的性格や実質的性格などを配慮しながら分類すると、次のようになろう。

(イ) 人権の原則規定（一一条・一二条・一三条・一四条）

(ロ) 自由権的人権　①精神的自由（一九条・二〇条・二一条・二三条）、②人身の自由（一八条・三一条・三三条・三四条・三五条・三六条・三七条・三八条・三九条）、③社会・経済生活の自由（二四条・二二条・二九条）、④社会権的人権（二五条・二六条・二七条一項・二八条）、⑤請求権的人権（一五条・一六条・一七条・三二条・四〇条）

＊　ところで、一九世紀から二〇世紀にかけて国家理念が「自由国家から社会国家」へ変遷し、それに伴って、社会権が人権保障において重要な地位を占めるようになるが、そこに着目して、人権を自由権的人権と社会権的人権とに大きく分類する見方がとられる。しかし、これは、この二つの人権の実体を鮮明にする点で有用であるが、人権におけるその他の種々の差異を見落としてしまうことになりかねない点で不十分であろう。

(b)　**「新しい人権」の登場**

日本国憲法が施行されて以来、五三年が経過したが、その間の時代の推移により、種々の社会・経済上の諸問題が続出し、それに関連して、次の点を指摘できる。つまり、この間の科学・技術の進歩が情報・交通面での空前の改革や、生活面でのレベル・アップをもたらしたが、その反面では、人類の生存を脅かすような深刻な事態を招来した。他方、このような事態の推移に対応しての市民の権利意識の昂揚も指摘できる。

このような経済上・社会上の基盤の変遷があれば、当然、既存の人権概念では捕捉できない情況も生まれてくる。したがって、既存の人権規定の読み直しによって、そこに新たな内容を盛りこみ、その間隙をぬうことになる。人権宣言に具体的にうたわれた権利・自由が、われわれの有する権利・自由のすべてではないからである。つまり、人権宣言には、過去において闘いとられたところの歴史的に重要性を認められたものだけが列挙されているに過ぎないからである（なお、小林直樹・「現代基本権の展開」参照）。

そこで、以下、「新しい人権」と称されるものについて瞥見する。

(イ)　平和的生存権　　平和的生存権とは、憲法九条やその前文の「平和のうちに生存する権利」を基軸として新たに提示された人権である。この平和的生存権は、恵庭、長沼の憲法裁判を通じて、理論的、実践的課題として登場し、次第に学界の支持を得つつある。* いずれにせよ、憲法九条を空洞化する政治的現実のなかで、平和的人権を絶えず再確認することは、あらゆる人権を実現するための重要な前提をなすのである。

＊　平和的生存権につき、裁判所がはじめて本格的に下した判決は、長沼事件である（札幌地判昭四八・九・七判時七一二・二四）。

この判決は、憲法前文の「全世界の国民が、ひとしく恐怖と欠乏から免かれ、平和のうちに生存する権利を有することを確認する」を引用し、「これは、この平和的生存権が全世界の国民に共通する基本的人権そのものであることを宣言するものである」とした。しかも、その保障につき憲法訴訟上の「新しい利益」を構成する、とした。

(ロ) 環境権　環境権は、広汎な環境破壊に対するアンチ・テーゼとして主張され、それは、「国民が良き環境を享受し、かつこれを支配しうる権利」(大阪弁護士会環境研究会「環境権と差止請求」法律時報四四巻一三号七七頁)であり、その権利にもとづき、環境に対する不当な侵害の排除や予防を請求できると主張される。そして、この「良き環境を享受しうる権利」は、憲法二五条および一三条に立脚する国民の当然の人権であると構成される。*

しかし、環境権の理論構成については、今後にまつべきであろう。

* 「国立歩道橋事件」が、次のように環境権への理解を示す。「本件横断歩道橋の設置によりその設置箇所において有していた従来の方法による道路通行権の行使が妨害されるばかりでなく、自動車の交通量と速度の増加に伴う排気ガスの増大によって健康の損傷、風致美観の損傷を被り、環境権が侵害されるにいたるというのであるから、その主張の限りにおいては、一応、申請人適格においても欠けるところはないものというべきである。」(東京地判昭四五・一〇・一四行裁集二一・一〇・一一八七)。その趣旨は、「大阪国際空港騒音訴訟控訴審判決」(大阪高判昭五〇・一一・二七判時七九七・二六)においても容認されている。

ところで、環境権を根拠に電力会社の操業禁止と発電所建設のため埋め立てられた海面の原状回復を求めた「豊前火力発電所操業差止訴訟」の第一審判決(福岡地裁小倉支判昭五四・八・三一判時九三七・一九)では、環境権は実定法上の具体的権利として是認されず、そのような権利を法的根拠とする差止め等の請求は審判の対象としての資格を欠き、不適法なものであるとして、その訴えが却下された。第二審判決（福岡高判昭五六・三・三一判時九九三・二三）も、第一審判決を支持して、環境権にもとづく訴えをしりぞけた。

(八)　プライバシーの権利　プライバシーの権利は、一九世紀末より二〇世紀初頭にかけてアメリカにおいて生成してきた概念であるが、わが国では、「宴のあと」判決*（東京地判昭三九・九・二八下民集一五・九・二三一七）において初めて認められた。それは、「私事をみだりに公開されない権利」であり、あるいは、"the right to be left alone"（ひとりでそっとさせて貰いたい権利）であるが、その憲法上の根拠は、幸福追求権を保障する一三条に求められる。

なお、最近では、「データ・バンク社会」における情報プライバシーの問題や、各自治体における「情報公開条例」との関連でのプライバシーなどがクローズ・アップされている。

＊　この判決は次のように述べる。「近代法の根本理念の一つであり、また日本国憲法のよって立つところでもある個人の尊厳という思想は、相互の人格が尊重され、不当な干渉から自我が保護されることによってはじめて確実なものとなるのであって、そのためには、正当な理由がなく他人の私事を公開することが許されてはならないことは言うまでもない」し、それは、今日の情報化社会にあっては、「その尊厳はもはや単に倫理的に要請されるにとどまらず、不法な侵害に対して法的救済が与えられるまでに高められた人格的な利益」であり、「いわゆる人格権に包摂される」とする。

プライバシーの一種としての「肖像権」につき、最高裁は次のように述べる。「憲法一三条は、……国民の私生活上の自由が、警察権等の国家権力の行使に対しても保護されるべきことを規定しているものということができる。そして、個人の私生活の自由の一つとして、何人も、その承諾なしに、みだりにその容ぼう、姿勢等を撮影されない自由を有するものというべきである。これを肖像権と称するかどうかは別として、少なくとも、警察官が、正当な理由もないのに、個人の容ぼう等を撮影することは、憲法一三条の趣旨に反し、許されない。」（最(大)判昭四四・一二・二四刑集二三・一二・一六二五）。

(二) 知る権利　知る権利は、表現の自由（二一条）の「メダルの裏側」にあたる（小林・前掲書七九頁）ことは明らかであるが、しかし、表現の自由に固定的に内在するに過ぎないものではなく、なお、生成過程にある権利としての性格をもつものであるといえよう（石村・奥平・知る権利二頁）。まず、それは国民主権の原理の要請するところでもある。つまり、国民が主権者として国政に参加する場合の前提として、さまざまな情報が十分に与えられていなければならないからである。また、「健康で文化的な最低限度の生活を営む権利」（二五条）を理解するにあたって、物質的・有体的な要素のみならず、精神的・文化的な要素をも加味するならば、そこでも、知る権利の要請を伴うことになる。さらには、人権の自由な発展には知識・情報の十分な摂取は欠かせないわけであるから、知る権利は、「幸福追求に対する国民の権利」（一三条）に内包されているものでもある。

知る権利が憲法上多面的にその根拠を有する以上、それが各実定法秩序のなかにいかに体現されるかが今後の課題となるであろう（石村・奥平・前掲書一〇頁以下）。

（四）人権の享有主体

(a) 国民

憲法第三章は、「国民の権利及び義務」と題し、日本国民の人権を保障する。したがって、まず、何人が日本国民であるかが明らかにされなければならない。憲法一〇条は、「日本国民たる要件は、法律でこれを定める」と規定し、これを受けて、国籍法がその要件を具体的に定めている。

(b) 外国人

憲法第三章の定める人権が、すでに述べたように、前国家的・前憲法的性格を有し、個人としての人間に与えられている以上、外国人についても、人権享有主体としての地位が認められるべきである。

ところで、憲法第三章の規定のなかには、「何人も」という文言と「国民は」という文言とが使われており、前者の場合——たとえば、「何人も、いかなる奴隷的拘束も受けない」（一八条）——には、日本国民に限定されず、外国人にもその保障が及ぶが、後者の場合——たとえば、「すべて国民は、健康で文化的な最低限度の生活を営む権利を有する」（二五条一項）——には、外国人にその保障が及ばない、と解する主張がある。しかし、このような文言上の違いのみにこだわることは正しくない。というのは、その主体を明示しない規定（「思想及び良心の自由は、これを侵してはならない」（一九条））もあるし、また、「何人も……国籍を離脱する自由を侵されない」（二二条二項）と規定していても、この場合、日本国籍を有する日本国民の国籍離脱の自由が保障されるのであって、外国人の、彼の有する国籍からの離脱の自由までも保障していると解することはできないからである。権利・自由の性質により、外国人にもそれらが保障されるか否かを考えるべきであろう。判例も「憲法第三章の諸規定による基本的人権の保障は、権利の性質上日本国民のみをその対象としていると解されるものを除き、わが国に在留する外国人に対しても等しく及ぶものと解すべきである」とする（最大判昭五三・一〇・四民集三二・七・一二二三（マクリーン事件））。

一般に、その性質上、外国人には保障されないところの人権として、参政権や社会権のほかに入国の自由などが挙げられる。

参政権については、国民主権の原理からいって、その保障はもっぱら日本国民に対してなされるべきであろう。というのは、それは、各人の所属する国の政治に参加する権利を意味し、外国の政治に参加する権利を意味しないからである。世界人権宣言に「何人も、直接に、又は自由に選出される代表者を通じて、自国の統治に参加する権利を有する」（二一条一項）とあるのは、その趣旨であろう。*

また、社会権についても、それらを保障する責任は各人の所属する国家に属すると解すべきであって、その保障を外国に求めることまでもその内容としているとはいえないであろう。**

もっとも、外国人の入国の自由については、国際化の時代を迎え、国境の壁が意識されなくなりつつある今日、従前どおり、これを制限的に考えてよいか検討されるべきであろう。

ところで、憲法二二条一項は居住・移転の自由を規定するが、外国人の入国の自由については全く触れていない。判例上は、外国人に入国を認めるか否かは、国際慣習法上国の自由裁量の問題であり、特別の条約がない限り、国は外国人の入国を許可する義務を負わない、と解されている***(最(大)判昭三二・一二・二五刑集一一・一四・三三七七)。

* ところで、現在、日本の永住資格をもつ外国人に地方選挙権を認める法案をめぐって議論がなされている。

選挙権を要請する動きは、一九八〇年代後半から在日韓国人団体を中心に活発化しており、それが一九九五年二月の最高裁判決により加速された。この判決は、選挙人名簿への登録を求める在日韓国人の訴えを退ける内容であったが、永住外国人に対して、「法律をもって地方公共団体の長、その議会の議員等に対する選挙権を付与する措置を講ずることは、憲法上禁止されているものではない」(最(小)判平七・二・二八)と述べ、最高裁が初めて、外国人に選挙権を認めるか否かは立法政策の問題であるとする判断を示したのである。

** ところで、外国人に対して国民年金法に基づく障害福祉年金を支給しないことが憲法二五条に違反しないかが争われたが、最高裁は次のように述べ、このことが憲法二五条に違反しないとした。「国民年金制度は、憲法二五条二項の規定の趣旨を実現するため、……創設されたものである」。「社会保障上の施策において在留外国人をどのように処遇するかについては、国は、特別の条約の存しない限り、……その政治的判断によりこれを決定することができるのであり、その限られた財源の下で福祉的給付を行うに当たり、自国民を在留外国人より優先的に扱うことも、許されるべきことと解される。したがって、法八一条一項の障害福祉年金の支給対象者から在留外国人を除外することは、立法府の裁量の範囲に属する事柄と見るべきである」。(最(小)判平元・三・二判時一三六三・六八〈塩見訴訟〉)。

*** 最高裁は、その点につき、本文記載の〈マクリーン事件〉判決で、再度、次のように確認する。「憲法二二条一項は、日本国内における居住・移転の自由を保障する旨を規定するにとどまり……憲法上、外国人は、わが国に入国する自由を保障されているものでないことはもちろん、……在留の権利ないし引き続き在留することを要求しうる権利を保障されている

ものでもない。」

(c) 天皇および皇族

天皇も皇族も、日本国籍を有し、日本国民であるが、憲法第三章の人権享有主体としての「国民」に含まれるかについては争いがある。

天皇・皇族については、現在、たしかに、特例的扱い――たとえば、選挙権・被選挙権の制限など――がなされているが、それは憲法の認める皇位世襲制（二条）にもとづくものである。したがって、天皇・皇族を憲法第三章の「国民」に含まれると解しても、なんの不都合もないであろう。

(d) 法人

人権宣言がもともと、自然人たる人間の権利・自由の保障をその対象としていることは明らかであるが、近代社会の発展は、その保障の対象を法人にも拡張する。たとえば、ボン基本法は、「基本権は、その性質上通用されうる限り、法人も人権享有主体たりうる」（一九条三項）と規定する。わが国の判例も、「憲法第三章に定める国民の権利および義務の各条項は、性質上可能なかぎり、内国の法人にも適用されるものと解すべきである」（最(大)判昭四五・六・二四民集二四・六・六二五〔八幡製鉄献金事件〕）とする。

このように、法人は人権享有の主体となり得るのであるが、しかし、その保障については、自然人に対する保障と同一ではない。その範囲は、それぞれの人権の趣旨・目的に応じて、個別具体的に決められるべきである。*

＊　法人に政治的行為の自由が保障されるかに関し、最高裁は「会社が、納税の義務を有し自然人たる国民とひとしく国税等の負担に任ずるものである以上、納税者たる立場において、国や地方公共団体の施策に対し、意見の表明その他の行動に出たとしても、これを禁圧すべき理由はない。……会社は、自然人たる国民と同様、国や政党の特定の政策を支持、推進しまたは反対するなどの政治的行為をなす自由を有するのである。」と述べる（本文の最高裁昭和四五年判決〔八幡製鉄献金事件〕）

(五)　人権の効力の及ぶ範囲

(a)　私人間における人権の効力

(イ)　人権保障規定と私人間の行為　　人権保障規定は、それがもつ意味およびその成立過程に照らすと、疑いなく、国家にむけられたものであり、国家の恣意から国民の権利・自由をまもるところに、その眼目があった。このことは、英国における人権発達の歴史に徴して明らかである。＊

他方、私人相互間に関しては、人権保障規定とは別個の、私的自治ないし契約自由の原則が最高の理念とされ、私法体系としての独自の領域が形成されていた。たとえば、ある私人の行為が不法行為として損害賠償を義務づけられる場合、それによって他の私人の利益ないし権利が担保されるが、それは決して、人権保障の効果であるとは観念されなかった。

このように、人権保障規定をもって、国家権力に対する国民の防禦権を定めたものと解する場合、私人ないし私的団体による人権侵害行為を直接憲法違反として争うことは、理論的には許されないことになる。ところが、現代においては、基本的人権は、国家権力よりもむしろ、私人ないし私的団体によって、より多くかつより広範に侵害される危険にさらされているのである。したがって、従来の伝統的理論に固執して、人権保障規定をもって、もっぱら国家権力対国民の関係を規律するものと考え、私的関係における人権侵害行為については、その規制が及ばないとみなしてしまうと、憲法が各種の人権を保障したねらいが実質的に失われることになる。ここにおいて、憲法の保障する人権が、国家以外の、私人ないし私的団体によっても尊重されるべきだという主張が起こってきたのである。このような人権保障規定の効力拡張の要請は、ドイツでは、ワイマール憲法時代にさかのぼって、その発芽をみることができるし、** アメリカでは、黒人に対する私的差別に関する数多くの判例のなかに見出すことができる。***

* 人権宣言の原型とされる一二一五年のマグナ・カルタ（Magna Carta）や、「近代諸国の人権宣言の祖先」とみなされるところの一六二八年の権利請願（Petition of Right）あるいは一六八九年の権利章典（Bill of Rights）は、いずれも国民が国王との争闘の結果獲得したものであるから、国王すなわち政府の侵害に対する国民の権利・自由を保障した文書にほかならない（宮沢・前掲書四頁以下）。

** ワイマール憲法（一九一九年）は一一八条一項で、言論および出版の自由に関し、「いかなる労働関係もしくは雇傭関係も、ドイツ人がこの権利を行使することをさまたげてはならない。また、何人も、ドイツ人がこの権利を行使した場合に、これに不利益を与えてはならない」と定め、一五九条では、「労働条件および経済条件を維持し、かつ、改善するための団結の自由は、各人およびすべての職業について保障される。この自由を制限し、または妨害しようとするすべての合意および措置は、違法である」と規定していた。このように、憲法がはっきり人権の私人間における直接的効力を規定したことは、従来の伝統的な理論からの脱却を意味すると解される。

＊＊＊　まず、先鞭をつけたのが、ヘイル（R. L. Hale）教授である。彼は、その論文（Force and the State, 1935）で、「裁判所が私人間の契約を執行し、もしくは、私人による排斥的行為（たとえば、劇場所有者がその劇場への黒人の入場を拒否するごとし）を有効と認めるときは、州は、積極的関与者となるのであって、それ故に、憲法の禁止規定の適用があるべきである、と。」（ゲルホーン・「基本的人権」（早川・山田訳）二三四頁）。この理論は、一九四八年のシェリー対クレマー事件（Shelly V. Kraemer 334. U. S. 1）で、連邦最高裁の判決のなかで採用され、そして、この判決の前後、すなわち、一九四〇年代から五〇年代にかけて、私人の人権侵害行為を排除しようとする判決が数多く現れるようになった。

(ロ)　学説と判例の主要な動向　　ところで、人権保障規定の効力拡張の要請に関して議論がなされるのは、次の点である。つまり、憲法における人権尊重の主旨を、どのような論理的な過程をたどって、私人間の関係に反映させるべきであるか、という点である。もちろん、私法体系との調和という問題もそこには含まれる。たとえば、労働基準法は、賃金に関する男女の差別を、罰則をもって禁止している（四条）し、また、男女雇用機会均等法は、婚姻による退職あるいは定年等の取扱に関する男女の差別の禁止について、規定している。もしこれらの規定が設けられていないと仮定した場合に、私企業において、これらについての男女の差別がなされているとすると、これを規制するために、憲法一四条を直接適用し解決することができるかという問題である。

①　学説　　わが国の学説は、この問題について、解釈論としてはまだ一般的な論議の域を出ないが、すでに、かなり多彩な見解が展開されている。

憲法は対国家との関係のみを規定するものであるから、人権保障規定は、私人間の関係には効力をもたないとする考え方（無関係説）は、すでに克服された。直接適用説――人権保障規定が私人相互間にも原則として直接適用されるとする説――を主張する者もごく一部に過ぎない。間接適用説――人権保障規定が私法上の一般条項（民九〇条など）を媒介として私人間に間接的に適用されるとする説――が、わが国での通説といえる。

ところで、人権保障規定のなかには、各種の権利・自由の沿革、性格などからみて、私人間に直接適用されるべきものとみなされる規定が存在する。したがって、間接適用説を前提にしつつも、これらの場合には、人権保障規定が直接効力をもつとみなすべきである。たとえば、一四条、二八条などが、それである。これらの規定は、憲法自身が伝統的な私法秩序に修正を加えようという積極的な意思の表れであり、したがって、これらは、私人間に直接適用されると解釈すべきである。

② 判例　下級審の多くは間接適用説をとる。*最高裁は、三菱樹脂事件の判決（最㊀判昭四八・一二・一二民集二七・一一・一五三六）において、次のように判示する。憲法一九条、一四条は「同法第三章のその他の自由権的基本権の保障規定と同じく、国または公共団体の統治行動に対して個人の基本的な自由と平等を保障する目的に出たもので、もっぱら国または公共団体と個人との関係を規律するものであり、私人相互の関係を直接規律することを予定するものではない。」「私的支配関係においては、個人の基本的な自由や平等に対する具体的な侵害またはそのおそれがあり、その態様、程度が社会的

に許容しうる限度を超えるときは、これに対する立法措置によってその是正を図ることが可能であるし、また、場合によっては、私的自治に対する一般的制限規定である民法一条、九〇条や不法行為に関する諸規定等の適切な運用によって、一面で私的自治の原則を尊重しながら、他面で社会的許容性の限度を超える侵害に対し基本的な自由や平等の利益を保護し、その間の適切な調整を図る方法も存するのである。」この見解は、直接適用説を否定しているとしても、間接適用説を採用しているとはいえない。間接適用説が用いられる場合があり得ることを示唆するに過ぎない。しかし、一般には、判例は間接適用説をとると理解されている。**

* たとえば、東京地裁は次のように判示する。女子結婚退職制に関する住友セメント事件で、「……労働条件に関する性別を理由とする合理性を欠く差別待遇を定める労働協約、就業規則、労働契約は、いずれも民法九〇条に違反しその効力を生じない。」(東京地裁判昭四一・一二・二〇労民集一七・六・一四〇七)。

** もっとも、次の事例では、最高裁は間接適用説を採用しているといえる。ここでは、男女間で定年に差別を設けた就業規則が合理的差別として有効であるかが問われた。「……日産自動車の就業規則中女子の定年年齢を男子より低く定めた部分は、専ら女子であることのみを理由として差別したことに帰着するものであり、性別のみによる不合理な差別を定めたものとして民法九〇条の規定により無効であると解するのが相当である(憲一四条一項、民一条の二参照)」(最(小)判昭五六・三・二四民集三五・二・三〇〇(日産自動車女子定年制事件))。

(b) 特別な法律関係における人権の効力

国民・住民は、国・地方自治体などに対し、一般的な公法上の法律関係に立つが、さらに、人によっては、特別な目的と法律上の原因によって、国・地方自治体などと特別な公法上の法律関係に立つ者もいる。従来、前者を一般権力関係といい、後者を特別権力関係と称し、特に後者については、その関係に立つ者の人権がより強く制限され、しかも、その関係には司法審査が及ばないとされた。

このような特別権力関係論は、わが国では、すでに克服され、今日では、その権力性を捨象した形での「部分社会」の法律関係として、その関係を理解する傾向がみられる。*

確かに、国民、住民のなかには、国なり地方自治体なりと特別な法律関係に立ち、特別な規律に服し、ある程度の人権の制約を受ける者がいる。たとえば、国家(地方)公務員や受刑者など、その例である。** このような特別な法律関係に立つ者は、それゆえに、ある程度の人権の制約に服するのであるが、しかし、その制約は、その関係の成立目的に照応した限度で認められるべきであり、必要最小限度のものでなければならないのである。***

* 最高裁は、特別権力関係という用語を避け、次のように判示する。「一般市民社会の中にあってこれとは別個に自律的な法規範を有する特殊な部分社会における法律上の係争のごときは、それが一般市民法秩序と直接の関係を有しない内部的な問題にとどまる限り、その自主的、自律的な解決に委ねるのを適当とし、裁判所の司法審査の対象にはならないものと解するのが、相当である。」(最判昭五二・三・一五民集三一・二・二三四)。

** たとえば、公務員について、行政の中立性を確保するために必要な限度において、政治的行為を制限したり(最㈹判昭三三・三・一二民集一二・三・五〇一)、在監者について、喫煙を禁止したり(最㈹判昭四五・九・一六民集二四・一〇・一四一〇)するのが、それである。

*** なお、「特別権力関係論」の詳細については、行政法に関する著書を参照すること。

㈥　義務および責任

人権宣言は、当初、主として権利・自由をその内容としていたが、その後、論理的・体系的要請にもとづき、各種の義務もそこで定められるようになった。したがって、今日の各国の人権宣言をみると、「権利および義務」という表題を冠する例が多いことに気づくのである。日本国憲法も、その例にもれない。

明治憲法もまた、その第二章において「臣民権利義務」と題し、そこに義務に関する規定を設けていた。兵役の義務（二〇条）と納税の義務（二一条）がそれである。しかも、そのほかに、勅令によって、教育の義務も定めていた。したがって、これらの三つの義務を、当時、臣民の三大義務と称していた。日本国憲法は、戦争の放棄・戦力の不保持を宣し、したがって、兵役の義務は、そこでは削除された。

現行憲法上、義務の個別的規定として、教育の義務（二六条二項）、勤労の義務（二七条一項）および納税の義務（三〇条）の三つが定められているが、そのほかに、義務の一般的規定（あるいは責任ともいえる）として、「自由および権利」についての、保持の責任・濫用の禁止・公共の福祉のために利用する責任（いわゆる一二条の論理的義務）が定められている。

(a) 教育の義務

憲法二六条二項前段は、「すべて国民は、法律の定めるところにより、その保護する子女に普通教育を受けさせる義務を負ふ」と定める。

これは、教育の義務を定めた規定であるが、その意味は、保護者たる国民の、子女に普通教育を受けさせる義務をいうのであって、国民の教育を受ける義務をいうのではない。それは、したがって、二六条一項で保障する子女の「教育を受ける権利」を確保するための手段としての意味をもつ。

同二六条二項後段は、「義務教育は、これを無償とする」と規定する。この趣旨を受けて、教育基本法は「国又は地方公共団体の設置する学校における義務教育については、授業料は、これを徴収しない」（四条二項）と定める。

(b) 勤労の義務

憲法二七条一項は、「すべて国民は……勤労の権利を有し、義務を負ふ」と定める。

これは、かつてのソ連憲法（一九三六年）の第一二条にいう「働かざる者食うべからず」の原理とその趣旨を同じくするものであって、すべて働く能力のある者は、その労働によって自らの生活を維持する義務を負うということを意味する、と解されている（宮沢俊義・憲法Ⅱ三三八頁）。

しかし、国民が勤労の義務を負うといっても、この義務を果たさない者に対して勤労を強制することまでも意味するものではない。

(c) **納税の義務**

憲法三〇条は「国民は、法律の定めるところにより、納税の義務を負ふ」と定める。納税の義務とは、租税を納める義務のことである。租税とは、憲法八四条にいう租税と同じ意味であり、国または地方自治体がその経費にあてるために強制的に賦課・徴収する金銭をいう。国政を運営する上での財政的基盤を確保するために、国民が納税の義務を負うのは当然である。

2 人権のあり方

(一) 人権の原則規定

憲法一一条ないし一三条および九七条は、一四条以下に規定する個別的人権に通ずる一般原則的性格をもつ。

(a) **人権の享有**

憲法一一条は、「国民は、すべての基本的人権の享有を妨げられない」ということと、「この憲法が国民に保障する基本的人権は、侵すことのできない永久の権利として、現在及び将来の国民に与へられる」ということを定める。九七条もまた、同じ趣旨を、歴史的由来を含めて明らかにする。

憲法は、まず、すべての国民は生まれながらにして基本的人権を享有するということを確認し、しかも、その基本的人権が自然権的あるいは前国家的性格をもち、国家権力によるそれに対する侵害の許されないことを認める。そのうえ、それは、「永久の権利として」「将来の国民に」対しても与えられるのであるから、そこに、憲法九六条による改正手続に対する制約が示されており、いわば憲法改正の限界をみることができる。

(b) 人権に伴う責任

人権が「自然法」的な権利であり、「人類の多年にわたる自由獲得の努力の成果」である（九七条）以上、その享有者である国民は、「不断の努力によつて、これを保持し」、それを「濫用してはならない」し、「常に公共の福祉のためにこれを利用」しなければならないのである（一二条）。つまり、憲法は、一一条および九七条で基本的人権の享有とその本質を明示し、ついで、一二条で、人権の享有に伴う責任を定めるのである。

(c) 個人の尊厳

憲法一三条は、まず、「すべて国民は、個人として尊重される」と規定する。これは、個人の尊厳（個人主義）の原理を宣言したものである。個人の尊厳の原理とは、すでに述べたように、人間社会のあらゆる価値の根源が個人にあるとし、何よりも先に個人を尊重しようとする原理である。それは、人権宣言の基調をなし、民主主義の本質的部分をなすものである。したがって、この原理は、憲法第三章全体を支配すると同時に、憲法全体を貫く原理である、ということができよう。*

しかも、同一三条は、個人の尊重の原理が、立法・司法・行政の各国家作用の上で、最大の尊重を受けるべきでるとし、それが国政を運営する上での国家の責務である、と宣明するのである。

ところで、一三条後段の「生命、自由及び幸福追求に対する国民の権利」（いわゆる幸福追求権）については解釈上争いがある。つまり、これについて権利性を認めるか否か論議されるのである。

これを否定する見解は、一三条は基本的人権の一般原理としての客観的な法規範を宣言したものであり、したがって、「生命、自由及び幸福追求に対する国民の権利」は、実定法的権利性をもたないとするのである。しかし、「生命、自由及び幸福追求に対する国民の権利」は、個人の尊厳の原理を核心にすえて基本的人権を包括的にとらえたものであり、それは、憲法の各条項で保障される個別的人権をそのなかに含むと同時に、各条項には列挙されていないが「個人の尊厳」を確保する上で必要とされる権利をもひろく含んでいると解される。したがって、それは、社会の要求に従って形成される新しい人権の法的根拠としての意味をもつのである。**

* この原理は、ボン基本法（一九四九年）の「人間の尊厳（Die würde des Menschens）は不可侵である」（一条一項）と同趣旨である。

** この点を指摘するものとして、旅券発給拒否事件における田中・下飯坂裁判官の補足意見を挙げることができる。「憲法の人権と自由の保障リストは歴史的に認められた重要性のあるものだけを拾ったもので、網羅的ではない。従ってそれ以外に権利や自由が存せず、またそれらが保障されていないというわけではない。我々が日常生活において享有している権利や自由は数かぎりなく存在している。それらはとくに名称が付されていないだけである。それらは一般的な自由または幸福追求の権利の一部をなしている。」（最(大)判昭三三・九・一〇民集一二・一三・一九六九）。

(二) 人権の保障とその限界

(a) はじめに

基本的人権は、絶対的なものであって、なんらの制約にも服しないものであろうか。それとも、それは一定の制約に服するものであろうか。

明治憲法のもとでは、その上諭において、「臣民ノ権利及財産ノ安全ヲ貴重シ及之ヲ保護シ此ノ憲法及法律ノ範囲内ニ於テ其ノ享有ヲ安全ナラシムヘキ」ものと規定し、憲法上の個々の権利・自由についても、「法律ノ留保」が付されていた。したがって、これらの権利・自由はいずれも、行政部の命令によっては制限できないが、法律によりさえすれば制限することができた。

これに対し、日本国憲法では、権利・自由の保障に関し「法律の留保」が付されていない。したがって、憲法上の権利・自由については、行政部の命令によっても、また法律によっても制限することは許されない。これらの権利・自由については、一三条が「立法その他の国政の上で、最大の尊重を必要とする」と規定するのも、また、一一条および九七条が「侵すことのできない永久の権利」というのも、その趣旨を示すものである。

(b) 公共の福祉による人権の制約

それでは、日本国憲法の規定する権利・自由については、どのような制限も法的には認められないのであろうか。

憲法は、一二条で、国民は憲法の保障する権利および自由を「公共の福祉」のために利用すべき責任を負うといい、一三条で、それらの権利・自由を「公共の福祉に反しない限り」国政のうえで最大の尊重を必要とすると定める。さらに、同時に、個別的に、二二条一項で、「公共の福祉に反しない限り、居住、移転及び職業選択の自由」を保障し、また、二九条二項で、「財産権の内容は、公共の福祉に適合するやうに、法律でこれを定める」とする。このことから、憲法は、基本的人権の制約原理として「公共の福祉」という観念を認めているように思われる。事実、初期の最高裁の判例や当時の通説はそのように解していた。

たとえば、最高裁は、「憲法第一三条においては……公共の福祉という基本原則に反する場合には、生命に対する国民の権利といえども、立法上制限ないし剝奪されることを当然予想しているものといわねばならぬ」（最判昭二三・三・一二刑集二・三・一九一）とし、また、「言論の自由といえども、国民の無制約な恣意のままに許されているのではなく、常に公共の福祉によって調整されなければならぬ」（最大判昭二四・五・一八刑集三・六・八三九）とし、さらに、「憲法の保障する各種の基本的人権についてそれぞれに関する各条文に制限の可能性を明示していると否とにかかわりなく、憲法一二条、一三条の規定からしてその濫用が禁止せられ、公共の福祉の制限の下に立つものであり、絶対無制限のものでないことは、当裁判所がしばしば判示したところである」（最(大)判昭三二・三・一三刑集一一・三・九九七）と判示する。

また、当時の通説も、基本的人権は公共の福祉によって制限されるとした。したがって、基本的人権の行使が公共の福祉に反する場合には、それは保障されないと解した。そして、その憲法上の根拠としては、一二条および一三条が挙げられ、個別的規定である二二条および二九条の「公共の福祉」については軽視された。

この立場に対しては、次のような問題点が指摘されている。第一に、「公共の福祉」は不確定概念であるため、その拡散がはかられる。第二に、「公共の福祉」に安易に依存し、人権制約の具体的必要性やその理由づけへの努力がみられない。第三に、「公共の福祉」にもとづく人権の制限は法律によって行われるので、「公共の福祉」を理由にすべての人権が制限されるとすれば、日本国憲法において明治憲法下の「法律の留保」を否定した意味が失われる。第四に、人権の多様性を無視し、それらを画一的に取扱う傾向がみられる。つまり、憲法が一二条、一三条のほかに、とくに二二条一項と二九条二項において「公共の福祉」を規定したのは、基本的人権の多様さを前提にしているからであるし、これらの規定を単に注意的に繰り返したものとみるべきではない。

(c) 人権に対する内在的制約

上記のような批判が正しいとすれば、はたして、基本的人権は「公共の福祉」によって制約されるべきではない、ということになるのであろうか。

確かに、「公共の福祉」を規定する一二条、一三条については、次のような、上記とは違った解釈もある。まず、一三条については、それは、規定の形式からいっても、国民の責任を定めたものであって、決して権利に対する国家の側からの制限の根拠を定めたものではない。また、一三条についても、その本来の趣旨は、従来の全体主義的な観念を否定し、個人の尊重を促進するための国家の義務を定めたもので、決して、国家が個人の基本的人権を制限し得る根拠を定めようとするものではない(鵜飼信成・新版憲法七〇―七二)。したがって、基本的人権は、憲法二二条一項、二九条二項のように、公共の福祉のために法律をもって制限できると明示している場合を除いて、公共の福祉のためであっても、制限できないということになる。しかし、だからといって、この立場は、基本的人権の絶対的無制限を説くものではない。つまり、権利・自由の恣意的な行使やその濫用を許さないという意味での内在的制約は認めるのである。

最高裁も、昭和四一年の全逓東京中郵事件判決(最大判昭四一・一〇・二六刑集二〇・八・九〇一)で、次のように内在的制約論を述べている。「(憲法二八条の保障する)権利であっても、もとより、何らの制約も許されない絶対的なものではないのであって、国民生活全体の利益の保障という見地からの制約を当然の内在的制約として内包しているものと解釈しなければならない。」また、「公務員の労働基本権についても、その職務の公共性に対応する何らかの制約を当然の内在的制約として内包しているものと解釈しなければならない。」（最大判昭四四・四・二刑集二三・五・三〇五）とする。

いずれにせよ、この立場は、憲法二二条一項および二九条二項の場合についてのみ「公共の福祉」による制約を認め、それ以外の権利、自由については、「公共の福祉」による制約を認めず、「内在的制約」に服するに過ぎないと解するのである。したがって、憲法一三条は、訓示規定に過ぎないことになる。

しかし、この立場は、基本的人権が内在的制約を伴ったかたちで保障されるというのであるから、その制約が公共の福祉によって正当化される場合との間に、それほどの違いがあるように思われない。ともに、刑法一七五条が憲法二一条（表現の自由）に反するとはしないからである（なお、宮沢・前掲書二二頁）。

(d) 人権制約の根拠

以上述べたところから、基本的人権が無制限なものではなく、それに対する制約原理として、「公共の福祉」と「内在的制約」の各々の主張のあることを知った。

基本的人権の保障が絶対的ではないのは、その享有者である人間の社会生活の本質に由来する。つまり、人間が孤島でただ一人生活しているとすれば、権利・自由の観念は必要とされない。人間の生活が本質的に社会共同生活であるからこそ、そこに権利・自由の問題が起こり、それに伴っての制約の要請が生まれるのである。一七八九年のフランス人権宣言四条に、「自由は他人を害しないすべてのことをなし得ることに存する」とあるのは、権利・自由に対する当然の制約を示したものである。また、一九四八年の世界人権宣言二九条二項が「すべて人は、自己の権利及び自由を行使するに当たっては、他人の権利及び自由の正当な承認及び尊重を保護すること並びに民主的社会における道徳、公の秩序及び一般の福祉の正当な要求を満たすことをもっぱら目的として法律によって定められた制限にのみ服する」と定めているのも、同じ趣旨である。

人間が社会生活を営む以上、人間のもつ権利・自由が、ある程度の制約を受けることは必然である。しかし、このような制約がどのようなものであるべきかについては明瞭であるとはいえないのである。いずれにせよ、その制約は、それを根拠づけるものが何であるかを究明することによって明確にされるべきであろう。

ところで、各人のもつ人権がなんらかの制約を受けるとすれば、それは常に他人の人権との関係においてである。つまり、多くの場合、各人の人権は、他人の人権と多かれ少なかれ矛盾し衝突する。社会生活を維持するためには、このような矛盾・衝突を調整しなければならない。きわめて単純な社会生活であると、このような調整は比較的容易であるが、現代のような高度化された社会においては、人間相互の間の矛盾・衝突が複雑な様相を呈し、その調整も困難となる。

日本国憲法のもとにおいては、その人権宣言の基底にあるものは「個人の尊厳であるから、人権相互の調整は、この原理にもとづいて行われるべきである。具体的には、その原理から導きだされる「実質的公平の要請」を旨として、その調整がなされるべきであろう（宮沢・前掲書二三一頁）。

いいかえると、人権の保障は、まず、公平になされなければならないということである。つまり、いずれの人に対する人権の保障も、その程度は同じでなければならない。一方の人権の保障が他方の人権の保障よりも大きいということがあってはならないのである。つぎに、それは実質的な公平でなければならない。つまり、各人のもつ人権の実質化が要請されるのである。したがって、弱者保護のための施策によって、伝統的な自由権——とりわけ、経済的自由——が大きく制限されることになる。

この「実質的公平の原理」は、個々の人権の矛盾・衝突を調整するための手段としては、あまりにも抽象的である。したがって、その内容の具体化が必要であるが、それは個々の裁判例によって形成されるべきである。*

＊　人間相互間の矛盾・衝突を調整する原理が「実質的公平の原理」であり、それは、一般に、公共の福祉の概念によって包摂されるが、その具体的な内容については、種々の基準によって明確化されつつある。

（i）「二重の基準論」(double standard)　精神的自由と経済的自由とを区別し、前者に優越的地位を認め、前者を規制する法律に対する合憲性判断の基準が、後者を規制する法律についての判断の基準よりも厳重でしかも厳格でなければならないとする理論である。つまり、経済的自由に対する規制立法については、それがいちじるしく不合理であるということが明白である場合にのみ、違憲とし、立法裁量を広く認めようとするものである。最高裁も、次のように判示する。「個人の経済活動の自由に関する限り、個人の精神的自由等に関する場合と異なって、右社会経済政策の実施の一手段として、これに一定の合理的規制措置を講ずることは、もともと、憲法が予定し、かつ許容するところと解する。」（最㈫判四七・一一・二二刑集二六・九・五八六）。

(ii) 利益衡量論　それぞれの人権のもつ価値利益を比較し、人権を制約することによって得られる価値・利益とそれを制約しないことによって維持される価値・利益とを比較衡量し、前者の方がより大きいと判断される場合に、人権に対する制約を許容する。最高裁も、全逓東京中郵事件で「労働基本権の制限は、労働基本権を尊重確保する必要と国民生活全体の利益を維持増進する必要とを比較衡量して、両者が適正な均衡を保つことを目途として決定すべきであるが、……その制限は、合理性の認められる必要最小限度のものにとどめなければならない。」と判示し、比較衡量論を明確に提示している（最㈫判昭四一・一〇・二六刑集二〇・八・九〇一）。

㈢ 法の下の平等

(a) はじめに

法の下の平等は、近代法の大原則であるが、それは個人の尊厳の原理の当然の表れである。

平等の理念については、まず、ルソーが「人間不平等起源論」（一七五四年）を書き、そこで、人間は自然にもとづき平等であると主張し、ついで、彼と同時代の思想家たちも、ルソーに同調し、「人間は、自然状態では平等であったのであるが、その後に、いろいろな人為的な原因によって各種の不平等が生じた、と考え、人間は、その自然の姿において、平等だ、と主張した。」（宮沢俊義・憲法講話七三頁）。人間はもともと平等であったが、その後の人間社会の都合で不平等が作りだされたのであれば、それは人間がその解消につとめるべきことになる。

近代立憲国家はことごとく、平等の原理をその基礎におく。「すべての人間は平等に造られている」《all men are created equal》（一七七六年のアメリカ独立宣言）や、「人間は……権利において平等なものとして出生し、かつ存在する」《Les hommes naissent et demeurent ……égaux en droits》（一七八九年のフランス人権宣言一条）は、平等の原理を表明したものである。第二次大戦後誕生した世界人権宣言も、次のように、平等の原理をうたっている。「何人も、人種、皮膚の色、性、言語、宗教、政治上その他の意見、国民的もしくは社会的出身、財産、門地その他の地位又はこれに関するいかなる事由による差別をも受けることなく、この宣言にかかげるすべての権利と自由とを享有することができる」（二条一項）と定め、また、「すべての人は、法の下において平等であり、また、いかなる差別もなしに法の平等な保護を受ける権利を有する」（七条）。

平等の原理は、わが国では、明治維新以降、四民（士・農・工・商）平等の名のもとに、その実現がはかられたが、しかし、それは不十分なものでしかなかった。

明治憲法には、平等に関して、「日本臣民ハ法律命令ノ定ムル所ノ資格ニ応シ均ク文武官ニ任セラレ及其ノ他ノ公務ニ就クコトヲ得」（一九条）とする規定しか存在しなかった。つまり、そこでは、公務就任に関する限りで、法の下の平等が認められたに過ぎなかったのである。

日本国憲法は、明治憲法に比べて、平等の保障を徹底させた。まず、その一四条一項で、「すべて国民は、法の下に平等であつて、人種、信条、性別、社会的身分又は門地により、政治的、経済的又は社会的関係において、差別されない」と平等の原理そのものを明示し、さらに、その原理を具体化する制度として、貴族制度の否認（一四条二項）、栄典の授与がいかなる特権も伴わないこと（一六条一項）を規定した。しかし、同時に、世襲天皇制が温存されているので、その限りでは、確かに平等の原理が完全に実現されているとはいえないであろう。

(b) **法の下の平等の意義**

憲法一四条一項は、一般的な平等原理を宣言したものである、と理解される。

この条項のいう「法の下の平等」とは、「法の下に」にこだわり、法適用の平等のみを意味する（立法非拘束説）のか、それとも、法そのものの平等をも含む（立法拘束説）のか、かつて争われた。

やはり、この条項は、行政機関や司法機関が、法を適用するにあたって、差別してはならないということを意味するだけでなく、立法機関をも拘束すると解すべきであろう。なぜなら、法の内容に差別が定められていれば、それが平等に適用されたところで、法の下の平等の要請は満たされないからである。

ところで、平等というのは、すべての者を無差別に取扱うこと（絶対的平等）をいうのではない。それは、事実上の違いに応じた取扱いまで禁止するものではないのである。たとえば、大人と子供とでは、精神的にもに肉体的も著しい差異があるが、この差異を無視して、両者を法律上まったく等しく取扱うとすれば、それはむしろ、不平等を強いることになろう。したがって、少年法は二〇才未満の者に対し特別の取扱いを定めているのである。

このように、平等の原則は、あらゆる差別の禁止をいうのではなく、不合理な差別的取扱いの禁止（相対的平等）を意味するのである。つまり、それは、いいかえると、あらゆる差別のなかで、不合理な差別が禁止され、合理的な差別は禁止されないということになる。*

それでは、不合理な差別と合理的な差別とを区別する基準は、何を根拠に判断すべきかということになるが、それは、憲法のよって立つ理念つまり個人の尊厳の原理にもとづいて判断すべきことになろう。

* 最高裁も、「憲法一四条一項は、国民に対して絶対的な平等を保障したものではなく、差別すべき合理的な理由なくして差別することを禁止している趣旨と解すべきであるから、事柄の性質に即応して合理的と認められる差別的取扱をすることは何ら右法条の否定するところではない。」（最(大)判昭三九・五・二七民集一八・四・六七六）といい、その後も、この判例を維持している（最(大)判昭四五・六・一〇民集二四・六・四九九）。

「フランスの一七八九年の人権宣言も、その一条で、「社会的差別は、共同の利益（l'utilité Commune）の上にのみ設けることができる」とし、その六条でも、「すべての市民は、……その能力にしたがい、しかも、その徳性およびその才能以外の差別を除いて、平等にあらゆる公の位階、地位および職に就くことができる」と規定し、合理的と考えられる理由による差別を設けることを是認している。

(c) 不合理な差別

憲法の基底にある個人の尊厳の原理から判断して禁止される不合理な差別として、まず、先天的なものがあげられる。個人の尊厳の原理からすると、人間は意思の主体であると同時に責任の主体でなければならない。つまり、人間は、自らの意思の及ぶ範囲において自らの責任を負うのであって、その範囲を越えた理由で不利益を受けるべきではないのである。自らの意思ではどうにもならない先天的な事由によって差別を受けることは、したがって、許されないのである。先天的な事由による差別の例として、家柄ないし門地による差別および人種による差別を挙げることができる。

また、先天的な事由以外の事由による差別であっても、それが個人の尊厳の原理の観点からみて不合理なものであるならば、もちろん許されない。そのような例として、世界観・宗教観・人世観などを理由とする差別を挙げることができるが、それらを理由に不利益を与えるとすれば、それは個人の尊厳を傷つけることになるからである。

憲法一四条は、まず、「すべて国民は、法の下に平等で」あると規定し、法の下の平等の大原則を定めている。そして、この原則を前提にして、個人の尊厳の原理に照らして不合理であると考えられる差別の理由の代表的なものを例示的に示して、つまり、「人種、信条、性別、社会的身分又は門地により、政治的、経済的又は社会的関係において差別されない」と定めるのである。

ところで、これら五つの不合理な差別の理由は、限定的列挙ではないということを注意すべきである。というのは、禁止されるのは、これら五つの事項を理由とした差別であり、これら以外の事項（たとえば、出身地・容姿・言語など）による差別は、憲法の禁止するところではない、とする意見もみられるからである。しかし、憲法一四条一項に掲げられている五つの事項は例示的なものであり、これら以外の事項であっても、それが不合理な差別の理由とみなされるのであれば、やはり、それによる差別は憲法によって禁止されると解すべきであり、* しかも、憲法一四条一項に掲げられている五つの事項であっても、それらによる差別が合理的なものであると解されるならば、別に憲法には違反しないとみるべきである。

* このことを主張するものとして、次の穂積重遠裁判官の意見が注目される。「憲法一四条一項の主眼は、その前段『すべて国民は法の下に平等』の一句に存し、後段はその例示的説明である。その例示が網羅的であるにしても、その例示の一に文字どおり該当しなければ平等保障の問題にならぬというのであっては、同条平等原則の大精神は徹底されない」(最大判昭二五・一〇・一一刑集四・一〇・二〇三七)(尊属殺事件)における反対意見)。

(d) 憲法一四条に例示された不合理な差別の理由

憲法一四条は、個人の尊厳の原理に照らして不合理と考えられる差別の理由を五つ列挙している。

(イ) 人種　人がどの人種に属するかはその人の意見によって決まるわけではないので、人種を理由に差別をすることは個人の尊厳の原理から判断して不合理な理由による差別になる。

(ロ) 信条　「信条」については、単なる宗教上の信条のみならず、思想上・政治上等の信条もこれに含めて理解されている。これらの信条を理由に差別することは「個人の尊厳と人格価値の平等」を侵すことになり、不合理な差別として許されない。

(ハ)　性別　すでにみたように、明治憲法のもとでは、公務に就く限りでの平等が認められていただけで、したがって、男女の平等に関する規定はもちろん存在しなかった。いやむしろ、男女の不平等が当然視され、公法上、私法上種々の差別が存していたのである。

日本国憲法は、個人の尊厳の原理にもとづき、法の下の平等を徹底させ、性別による差別の禁止を明確にした。一四条のほかに、二四条では、家庭生活における「両性の本質的平等」を定め、四四条では、国会議員の選挙権・被選挙権についての性別による差別の禁止を定めた。

したがって、日本国憲法施行とともに、それまであった各種の男女の差別はすべて撤廃され、法律上は、男女同権が完全に実施されることになった。

(ニ)　社会的身分と門地　判例によると、社会的身分とは「人が社会において占める継続的な地位」をいう（最(大)判昭三九・五・二七民集一八・四・六七六）が、しかし、「社会的身分」も「門地」もともに、「出生によって決定される社会的な地位または身分」をいう（宮沢俊義・憲法Ⅱ二八四頁）と解すべきであろう。そして、前者は、特に不利益に扱われている身分——たとえば、被差別部落民、帰化人の子供など——をさし、後者は、多かれ少なかれ特権的身分——皇族・華族など——をさすものと解すべきであろう（宮沢・前掲書二八五頁）。

(ホ)　憲法の定めるその他の平等の規定　憲法は、一四条一項のほかに、平等の原理をさらに具体化する種々の制度を規定する。

① まず、「華族その他の貴族の制度」を廃止した（一四条二項）し、また、特権的・世襲的栄典の授与を禁止した（一四条三項）。

② ついで、婚姻および家族生活における個人の尊厳と両性の本質的平等を保障し（二四条）、明治憲法下における私法上の男女の不平等がすべて払拭された。

③ また、教育の機会均等を保障し（二六条一項）、そのことを具体化するために、教育基本法三条一項は「すべて国民は、ひとしく、その能力に応ずる教育を受ける機会を与えられなければならないものであつて、人種、信条、性別、社会的身分、経済的地位又は門地によつて、教育上差別されない」と定める。

④ さらに、普通平等選挙を保障する（一五条および四四条）。ところで、四四条は、選挙資格の平等（「一人一票」の原則）を保障するものであるが、さらに、それは、「投票の価値」（一票の重み）の平等――各人の一票が当選者の決定に及ぼす効果、つまり、「結果価値」の平等――をも保障するものと解すべきである。*

＊ この点に関し、最高裁は次のように判示した。「憲法一四条一項に定める法の下の平等は、選挙権に関しては、国民はすべて政治的価値において平等であるべきであるとする徹底した平等化を志向するものであり、右一五条一項等の各規定の文言上は単に選挙人資格における差別の禁止が定められているにすぎないけれども、単にそれだけにとどまらず、選挙権の内容、すなわち各選挙人の投票の価値の平等もまた、憲法の要求するところであると解するのが、相当である。」（最㊅判昭五一・四・一四民集三〇・三・二二三、判時八〇八・二四）。

〈参考文献〉
宮沢俊義『憲法Ⅱ〈新版〉』有斐閣、一九七一年。
小林直樹『現代基本権の展開』岩波書店、一九七六年。
芦部信喜編『憲法Ⅱ人権⑴』有斐閣、一九七八年。
同　『憲法Ⅱ人権⑵』有斐閣、一九八一年。

3　自由権

国家権力の干渉を排除する消極的な権利であり、人権宣言の中枢をしめている自由権は、三つの分野から成り立っている。すなわち、①思想・良心の自由、信教の自由などの精神的自由権、②居住・移転の自由、職業選択の自由などの経済的自由権、③奴隷的拘束および苦役からの自由などの人身の自由である。これらの自由権はお互いに孤立しているのではなく、深く連関、関連しあっているのである。たとえば、演劇活動を例にとれば、一面では、それは芸術作品を上演したり表現するという精神活動（精神的自由）であり、他面では、それによって対価をうるという職業・営業活動（経済的自由）である。つまり、精神的自由と経済的自由が連関・関連しあっているのである。

㈠ 精神的自由

(a) 思想・良心の自由

憲法一九条は、「思想及び良心の自由は、これを侵してはならない」として内心の自由を保障している。明治憲法下では、とくに昭和初期から終戦におよぶ日本のファシズムの支配期間は、悪名高い治安維持法などにより、思想の自由に対して圧迫・干渉が加えられた思想の受難史であった。このような経験にかんがみて、日本国憲法で、この規定が初めて明記されることになった。

思想・良心の自由は、思想が論理的・知的に何が正しいかを考える自由であるのに対して、良心は、倫理的・主観的な判断についての自由をいう。しかし、両者の区別は明確ではなく、実際上密接不可分であり、両者を厳密に区別する必要はなく、内心の自由全般をここで保障していると考えてよいであろう。この内心の自由は、人間の人格的価値形成のための内面的精神的活動を保障しようとするものであるが、わが国の裁判所の判決は、原則として、個々人がいかなる思想を抱こうとも、思想それ自体は絶対に自由であるという態度をとっている。にもかかわらずその自由の保障を問題としなければならないのは、思想を外部に表わすことを強制したり、それによって不利益を課す事態が生じるからである。いいかえれば、内心の自由の保障は沈黙の自由の保障にある。前述のごとく、本条は、人間の人格形成に資する精神的活動の自由を保障するものと解されているので、名誉毀損の責任を問われた者が謝罪広告を命じられたことは良心の自由を侵すものであるとして争われたが、最高裁は、たんに事態の真相を告白し、陳謝の意を表明するのであれば、本条に違反しないとしている（最判昭三一・七・四民集一〇・七・七八五（謝罪広告事件））。

さらに、共産主義に対する「レッド・パージ事件」では、占領軍の指示を背景として、超憲法的効力をもつものによって行われたという理由で、思想の自由の保障を受けないと判断した。

(b) 信教の自由

精神の自由は、歴史的に信仰（宗教）の自由が中心で、近代憲法は、すべての国が明文でこれを保障している。それはいうまでもなく、ヨーロッパにおける宗教戦争にみられるように長い悲惨的な闘争を経て獲得され、自由権のなかの中枢的地位を確立したものである。

わが憲法も、信教の自由は保障していたが、明治憲法では、「安寧秩序ヲ妨ケス及臣民タルノ義務ニ背カサル限ニ於テ信教ノ自由ヲ有ス」（二八条）という、大きな条件が付けられていた（法律の留保）。さらに、神道が祭政一致主義のもとに半ば国教的な地位を有し、一般国民に強制された。そのことは、本来であるならば憲法違反だったのであるが、「神社は宗教にあらず」という理屈で弁明された。伊勢神宮を中心とする神社の国教化は、信教の自由をはなはだしく歪めた。この国家神道体制に反するとみなされた大本教、ひとのみち教団（現在のＰＬ教団）、法華宗、日本キリスト教団などに弾圧が加えられた。

こうした苦い経験に対する反省から、旧憲法で「秩序を妨げず、臣民の義務に背かない」範囲で認められていた「信教の自由」を、新憲法では、「何人に対してもこれを保障する」と規定して、無条件の基本的人権を定めた。そして、信教の自由に対する制度的裏付けとして「政教分離の原則」をおいた。すなわち、①「信教の自由は、何人に対してもこれを保障する。いかなる宗教団体も、国から特権を受け、又は政治上の権力を行使してはならない」(二〇条一項)。②「何人も、宗教上の行為、祝典、儀式又は行事に参加することを強制されない」(二〇条二項)。③「国及びその機関は、宗教教育その他いかなる宗教活動もしてはならない」(二〇条三項)と規定した。

さて、憲法が保障する信教の自由とは、特定の宗教を信ずる自由と信じない自由を意味する。このことは、国家によっても、侵すことのできないものである。しかし、これは内心の問題であるから、それは憲法一九条の思想の自由で保障されている。したがって、特定の宗教を信ずること、信じないことを理由に、国家によって差別されたり、処罰されることのない自由を意味する。また、それは、宗教の行事や儀式を行い、それに参加し、参加しない自由を含む。逆に「何人も、宗教上の行為、祝典、儀式又は行事に参加することを強制されない」(二〇条二項)自由が認められている。

さらに信教の自由を徹底させるために、国家と宗教の分離(政教分離)、すなわち、国家がすべての宗教に対して中立的な立場に立ち、宗教をまったくの「わたくしごと」にするという政教分離の原則を詳細に規定している。

まず、「いかなる宗教団体も、国から特権を受け、又は政治上の権力を行使してはならない」(二〇条一項)、「国及びその機関は、宗教教育その他いかなる宗教的活動もしてはならない」(二〇条三項)とし、また、財政の面でも、公金や公の財産を宗教上の組織や団体の用に供してはならないというきびしい制限をしている。この政教分離の原則をめぐって争われた有名な事件として、「津地鎮祭事件」があげられる。そこでは、三重県津市が公費で神式地鎮祭を行ったことをめぐって違憲性が問われた。一審では、地鎮祭はなんらの宗教的意識を伴うことなしに、ただ建築の着工には、それをやらなければ形が整わないといった意味での習俗的行事にすぎないから違憲ではないとしたが、控訴審では、政教分離の原則とは、宗教や信仰の問題を神聖なものとして、公権力のかなたに置き、国は宗教そのものに干渉すべきではない、との国家の非宗教性・宗教に対する中立性を定めたものであるとして、国や地方自治体が特定の宗教活動を行えば、政教分離の原則の侵害になるとした。

さらに、地鎮祭が宗教的な行事か習俗的な行事かを判断するために、①主宰者が宗教家か、②順序作法が宗教界で定められたものか、③一般人に違和感なく受け入れられる程度に普遍性があるか、の三つの基準に照らしてみると宗教的活動にあたるとして違憲の判決が下された。

最高裁では、政教分離原則は、国家が宗教的に中立であることを要求しているものの、宗教とのかかわり合いを全く許さないものではない。そのかかわり合いが、わが国の社会的・文化的諸条件に照らし、また信教の自由の保障の確保という目的との関係で限度を超える場合には許されない。憲法が禁ずる宗教的活動とは、その行為の目的が宗教的意義をもち、その効果が宗教に対する援助、助長、促進、圧迫、干渉などになるような行為である。本件地鎮祭は、宗教的起源をもつ儀式であったが、今日ではもはや宗教的意義がほとんどない慣習化した社会儀礼として、世俗的行事と考えられる。また、わが国では、宗教的意識の雑居性があり、国民一般の宗教的関心度は必ずしも高くないこと、神社神道は祭祀儀礼に専念、他の宗教のような対外活動がほとんどないこと、起工式への一般の意識を考えると、国家が主催して私人と同様の立場で起工式をしても神道を援助・助長する効果をもたらすとは認められず、そのため神道が再び国教的地位を得たり、信教の自由が脅かされる効果を招くとは考えられないとして、合憲判断を示した（最判昭五二・七・一三民集三一・四・五三三）。

(c) 表現の自由

思想および良心の自由は、それが個人の純粋な内面の域にとどまっている限りでは、保障の意味は失なわれてしまう。思想は外面的な表現（他者に訴えたり、他者と話しあうこと）の自由を伴うことによって、その保障も十分となり得る。それゆえに精神の自由は、聞いたり読んだりする「知る権利」と、語ったり書いたりする表現の自由を、必然的に予定しなければならない。

明治憲法も、「日本臣民ハ法律ノ範囲内ニ於テ言論著作印行集会及結社ノ自由」を認めたが、一連の治安立法（出版法、新聞法、治安維持法など）によって形骸化されてしまった。わが国はそういうにがい経験にかんがみて、日本国憲法は、第二一条一項において「言論、出版その他一切の表現の自由は、これを保障する」とし、この自由を確保するために、同条二項において、「検閲は、これをしてはならない。通信の秘密は、これを侵してはならない」と定めている。

表現の自由とは、あらゆる手段によって思想を外部に表示する自由であるが、言論、出版に限らず、新聞、雑誌、絵画、演劇、ラジオ、テレビ、映画など、あらゆる形式での表現や、さらに、集団示威行進（デモ行進）も、ここにいう表現の中に含まれる。表現の自由は、多元的情報を得た国民の自己の政治的な意見を形成するために、報道の自由も含まれる。

報道とは、新聞、雑誌、ラジオ、テレビなどマスメディアの手段を通じて事実を国民一般に伝え知らせることである。この報道の自由は、その報道を受けとる立場からみれば知る権利を意味し、個人の思想の形成のためにも、国民の政治的決定のためにも必要なものである。最高裁は、「報道機関の報道が正しい内容をもつためには、報道の自由とともに、報道のための取材の自由も、憲法二一条の精神に照らし、十分尊重に価するものといわなければならない」（最判昭四四・一一・二六刑集二三・一一・一四九〇〔博多駅事件〕）として、報道の自由を確保するためには取材の自由もできるだけ尊重されるべきであると認めている。その後の判例（日本テレビ事件に関する最判平一・一・三〇刑集四三・一・一九、TBS事件に関する最判平二・七・九判時一三五七・三四）でもこれを踏襲している。

表現の自由は、民主主義の基礎であるが、それが保障されるのは、勿論正しい意味でのものであって、それが犯罪に該当するものまで保障するものではない（名誉毀損の言論、猥褻の出版）。すなわち、いかなる表現も絶対無制約で無制限なものではないのである。

表現の自由に対する制約にあたって、基準となるべき一つの原則が、ホームズ判事の「明白且つ現在の危険」(clear and present danger)(表現行為は、それがなされる四囲の状況の中で、実質的に社会的な害悪をもたらす危険が明らかであり、かつ差し迫っている場合はじめてこれを制約できるとする考え方)の原則である。さらに、「事前抑制の禁止」(表現がなされる前に公権力によって抑止すること)、「明確性の原則」(表現の自由を制限する立法は、明確な基準によるものでなければ憲法違反とする原則)、「いわゆるLRA(less restrictive alternative より制限的でない他の選択しうる手段)」(自由の制限は取締目的に照らして、必要最小限度のものでなければならない)などが挙げられる。

憲法二一条二項では、検閲の禁止と通信の不可侵を定めている。検閲とは、思想表現がなされる前に、行政機関がその内容を審査して、不適当と認めるときはその発表を許さないとする制度である。ラスキがいみじくも喝破しているように、言論などの表現の自由は、反政府的な言論を保障することにあるといったように、政府にとって好ましくない言論の自由の保障こそが、表現の自由の保障の真髄であるとすれば、批判的言論を抑えたり、権力者にとって都合のよい考え方のみを公に発表する機会を与える検閲制度は、廃止されなければならない。

検閲の禁止に関しては、たとえば、外国の映画をわが国に輸入する場合、税関によって審査され「公安又は風俗を害すべき書籍、図画、彫刻その他の物品」と認められたときは、関税定率法によって、その輸入は禁止される。これは税関という公権力による検閲であるため、合憲性については、憲法上、疑義がある。

最高裁は、札幌税関検査違憲訴訟に関する判決（最判昭五九・一二・一二民集三八・一二・一三〇八）で、検閲を「行政権が主体となって、思想内容等の表現物を対象とし、その全部又は一部の表現物につき、網羅的一般的に、発表前にその内容を審査した上、不適当と認めるものの発表を禁止することをその特質として備えるものを指す」と定義しているが、この検閲を不当に狭く解しているとの批判がなされている。ちなみに、映倫の審査があるが、これは、映倫という私的な機関であるため、憲法上の問題はない。

また、家永教科書検定第二次訴訟に関する第一審判決（東京地判昭四五・七・一七判時六〇四・三五）は、「現行の教科書検定制度は、それ自体は、執筆者の思想の内容審査にわたらない限り、検閲に該当するものとはいえないとし、本件検定不合格処分は執筆者の思想内容を事前に審査するものであり、検閲に該当するものとし、さらに教育基本法一条に違反する」と判示した。

憲法二一条二項後段は、「通信の秘密は、これを侵してはならない」と規定している。通信とは、信書、電信、電話などすべての通信の内容のみならず、郵便物の差出人、受取人の氏名、住所、年月日、差出し個数等、また、電報では、発信人、受信人の氏名、住所、配達の日時等、さらに、電話では、市外通話の通話申込者、相手方の氏名、住所、通話の日時等である。

通信の秘密を保障するということは、公権力による侵害を禁止することを意味する。具体的には、郵便法で検閲を禁止し（八条）、郵便の業務に従事する者は、在職中郵便物に関して知り得た他人の秘密を守らなければならない（九条）。電気通信事業法では、検閲の禁止（三条）、通信業務従事者によって、他人の秘密を守らなければならない（四条）ことを規定している。なお、刑法は信書開披罪（一三三条）で罰則規定を置いているが、これは、通信の秘密の保障が公権力に対してのみならず私人に対しても及ぶものであることを意味している。

しかし、通信の秘密も絶対無制約のまま許されるのではなく、一定の内在的な制約に服しなければならない。たとえば刑事訴訟法は、「裁判所は、被告人から発し、又は被告人に対して発した郵便物又は電信に関する書類で通信事務を取り扱う官署その他の者が保管し、又は所持するものを差し押え、又は提出させることができる」（一〇〇条）としている。

破産法は「裁判所ハ通信官署又ハ公衆通信取扱所ニ対シ破産者ニ宛テタル郵便物又ハ電報ヲ破産管財人ニ配達スベキ旨ヲ嘱託スルコトヲ要ス」、「破産管財人ハ其ノ受取リタル前項ノ郵便物又ハ電報ノ開披ヲ為スコトヲ得」（一九〇条一項、二項）と規定している。

監獄法は「受刑者及ビ監置ニ処セラレタル者ニハ其ノ親族ニ非サル者ト信書ノ発受ヲ為サシムルコトヲ得ス」（四六条二項）「受刑者及ビ監置ニ処セラレタル者ニ係ル信書ニシテ不適当ト認ムルモノハ其発受ヲ許サス」（四七条一項）として、信書の発受を制限している。さらに、「在監者ニ宛テタル文書ハ披閲シテ之ヲ本人ニ交付ス」（四八条）とし、「信書ノ検閲其他接見及ヒ信書ニ関スル制限ハ命令ヲ以テ之ヲ定ム」（五〇条）と規定している。

電話線等に傍受用の器具を接続して他人の電話を盗み聴く場合（電話盗聴）は、プライバシーや人格権の侵害のほか、通信の秘密を侵す恐れがある。電話盗聴は、電気通信事業法（一〇四条）に処罰規定が置かれているが、他には盗聴についての法令の規定はない。憲法上議論のあるのは、犯罪捜査の手段として電話盗聴が許されるかどうかであり、司法官憲の発する令状があれば許されるとしても、通信の秘密が不当に侵害されないように考慮されなければならない。

(d) **集会・結社の自由**

憲法二一条一項は表現の自由とともに、これと密接な関連を有する集会・結社の自由を保障している。

集会と結社は、ともに共同の目的をもつ多数人の集団をいう。前者は一時的なもの、後者は継続的なものを指している。

〈動く集会〉と呼ばれるデモ行進は、集会の意思表現の重要な形態の一つである。判例のなかには「集団行動には、表現の自由として憲法によって保障されるべき要素が存在する」として、表現の自由の内実として捉えている（最判昭三五・七・二〇刑集一四・九・一二四三〈東京都公安条例事件〉）。デモ行進は多くの場合、道路や公園などの公的な場所で行われることが多いから、一定の限度で規制をうけざるをえない。この点に関連して、かつてメーデーのための総評が行った皇居外苑使用許可申請に対し、被告厚生大臣は厚生省令一九号「国民公園管理規制」に基づいて不許可処分とした。

最高裁は、厚生大臣が「管理権に名を籍り、実質上表現の自由又は団体行動権を制限する目的に出でた場合は勿論、管理権の適正な行使を誤り、ために実質上これらの基本的人権を侵害したと認められるに至った場合には、違憲の問題が生じる」という傍論はあるが、「厖大な人数、長い使用時間からいって、当然公園自体が著しい損壊を受けることを予想せねばならず、かくて公園の管理保存に著しい支障を蒙るのみならず、長時間に亘り一般国民の公園としての本来の使用が全く阻害されることになる」等の理由で、この不許可処分を合憲とした（最判昭二八・一二・二三民集七・一三・一五六一）。

また、集会やデモ行進については、地方公共団体の定めるいわゆる「公安条例」によって規制をうけ、事前に公安委員会の許可を受け、また届出をすることが必要とされている。最高裁は新潟県の公安条例に対して合憲判断を下したが、その理由とするところは、集団行動は「本来国民の自由とするところである」から、これを「一般的な許可制」により事前に抑制することは許されないが、「公共の秩序を維持し、又は公共の福祉が著しく侵されることを防止するため」に、「特定の場所又は方法について合理的かつ明確な基準の下に」制限することは違憲とはいえず、また、「公共の安全に対し明らかに差迫った危険を及ぼすことが予見されるとき」は、許可されず禁止される旨の規定を設けることが許されるということであった（最判昭二九・一一・二四刑集八・一一・一八六六）。

さきの東京都公安条例事件判決においては、最高裁はやはり合憲の判決を下した。その理由は、届出と許可の区別を放棄し、集団行動による表現には、単なる言論や出版と異なり、多数人の集合体の力、つまり潜在する一種の物理的力に支えられているので、それが、いつなんどき顕在化するかもしれないから、ある程度一般的包括的に制限してもやむをえないとして、事前の法的規制の必要性を認めた。

結社とは、多数人が共同の目的のために継続的に結合することをいう。結社には、その目的からみて政治的、経済的、社会的、文化的、宗教的、学術的なものなどがあるが、これらの結社を結成したり、加入することについて、国家によって禁止、制限されることがないことを意味する。団体の結成についての規制はないが、法人格を有するためには法的制限がある。たとえば、宗教上の結社については、所轄庁の認証を受けなければならない。

結成された団体も解散が命ぜられる場合がある。宗教法人に関していえば、当該宗教法人が「法令に違反して、著しく公共の福祉を害すると明らかに認められる行為をしたこと」（宗八一条）を理由に、裁判所は解散を命ずることを規定している。また、破壊活動防止法七条は、暴力主義的破壊活動を行った団体が「継続又は反覆して将来さらに団体の活動として暴力主義的破壊活動を行う明らかなおそれがあると認めるに足りる十分な理由が」あるときは、公安委員会が解散の指定をすることができる旨を規定している。

(e) 学問の自由

学問の生命は、真理の解明という人類文化の発展に不可決なものであるから、国家にとって有害であるとか、社会にとってふさわしくないという理由で、国家が介入、抑圧、統制、弾圧を加えることは許されない。学問の自由に対する侵害の例としては、昭和八年の京大事件（滝川事件）や昭和一〇年の天皇機関説事件（美濃部事件）がとくに有名である。そこでは、学問は国家の統制の下におかれ、その自由が抑圧された。このような歴史的経験に基づいて、日本国憲法は、第二三条において明治憲法にはなかった学問の自由を保障した。

学問の自由の内容は、おおまかにいって、研究の自由とその成果を発表する自由、教授の自由、そして制度的保障としての大学の自治からなっている。

まず研究の自由であるが、これは研究活動の自由と研究結果発表の自由を含むが、それは第一九条の思想の自由や発表の自由の一部でもある。ここでは制約が問題となるが、この保障も絶対的なものではなく、人の名誉、生命、身体などの法益を侵害することは許されない。

次に、研究結果発表の自由の一形態として、教授の自由がある。学問研究成果の発表は、大学において、主として教授という方法によって行われる。これもおのずと制約を受けるのであって、特定のイデオロギーや価値のみを教授したり、政治的宣伝を行うということは、憲法二三条の保障するものではない。ドイツの基本法は、教授の自由を保障するとともに、教授の自由に制限を加えている（一八条）。

さらに大学の自治であるが、最高裁も東大ポポロ座事件判決で述べているように「大学の学問の自由と自治は、大学が学術の中心として深く真理を探究し、専門の学芸を教授研究することを本質とすることに基づくから、直接には教授その他の研究者の研究、その結果の発表、研究結果の教授の自由とこれらを保障するための自治とを意味すると解される」（最判昭三八・五・二二刑事一七・四・三七〇）。

さて、この大学の自治とは、大学の教授その他の研究者の人事や、大学の施設などについて、大学自らすなわち国家や外部の干渉を受けることなく、自主的に決定、管理しうることである。

大学自治の保障の内容は、①教官人事の自治、②研究、教育事項の自治、③予算管理の自治、④施設管理の自治、⑤学生管理の自治があげられている。特に問題となるのは、大学の自治と警察権との関係（大学の自治の限界）である。これに関して問題となった事件、いわゆるリーディング・ケースともいえるのが、前記のポポロ事件判決である。

これは、東大の学生サークル、劇団ポポロの学内発表会に私服の警官が無断で大学構内に立ち入り、観劇していたのを学生が発見し、暴行などを加えたことに対し、暴力行為等処罰に関する法律で起訴された事件である。第一審判決（東京地判昭二九・五・一一判時二六・三）、第二審判決（東京高判昭三一・五・八判時七七・五）は、警察権の発動は、大学の要請があってはじめて行われるべきであって、緊急の場合を除いては、原則として、警察側の自由な判断で行われてはならないとして、自治の侵害の事実を認めて、警官を排除しようとした学生の行為を正当行為とした。しかし、最高裁は、「学生の集会が真に学問的な研究またはその成果の発表のためのものではなく、実社会の政治的社会的活動に当る行為をする場合には、大学の有する特別の学問と自治は享有しないといわなければならない。また、その集会が学生のみのものではなく、とくに一般の公衆の入場を許す場合には、むしろ公開の集会と見なされるべきであり、すくなくとも、これに準じるものというべきである。本件の集会に警察官が立ち入ったことは、大学の学問の自由と自治を犯すものではない」（最判昭三八・五・二二刑集七・四・三七〇）と判示した。

大学の自治は、学問の自由を確保するために不可決であるが、大学には秩序維持の自律権がある反面、警察権の関与を全面的に否定することはできないであろう。

(二) 経済的自由

(a) 居住・移転・職業選択の自由

憲法二二条一項は「何人も、公共の福祉に反しない限り、居住、移転及び職業選択の自由を有する」と定めている。居住・移転・職業選択の自由が経済的自由の一つとしてあげられるのは、封建体制のもとでは、人は土地や身分に束縛されていたので、住所や職業を自由に選ぶことができなかった。そこで身分的拘束から人間を解放し、自由な職業選択とそれに伴う移動を保障することは、近代資本主義の発展には不可決な前提条件だったのである。

「居住の自由」とは住所または居所を決定する自由、「移転の自由」とは住所または居所を変更する自由をいう。居住・移転の自由は、人身の自由とかかわる側面があり、経済的自由としての意味だけでなく、精神的自由ともかかわる側面を有している。

職業選択の自由とは、字義上は自己の従事すべき職業を決定する自由をいうが、その職業を行う自由、つまり営業や私経済的活動の自由も含まれる（最判昭四七・一一・二二刑集二六・九・五八六）。

公共の福祉を理由に、居住・移転の自由を制限する具体例として、親権者の子の居所指定権（民八二一条）、受刑者の刑務所内での拘禁、破産者に対する制限（破一四七条）などがある。職業選択に関して、公共の福祉による制限については、態様も多様である。開業の制限手段として、登録・許可・資格の取得がある。古物営業の許可制については合憲の判例がある（最判昭二八・三・一八刑集七・三・五七七）。

営業活動については、人命の安全、公衆衛生の維持、善良な風俗の保持、犯罪の予防・取締りなどの目的のために、立入検査、緊急措置、改善命令、営業時間・営業行為など、さまざまな規制が加えられている。東京都風俗営業取締法施行条例による営業時間の制限を合憲とした判決（最判昭三七・四・四刑集一六・四・三七七）、あん摩師などに関する法律による医業類似行為の禁止を合憲とした判決（最判昭三五・一・二七刑集一四・一・三三）がある。以上のごとく、居住・移転の自由もそうであるが、とくに職業選択の自由については、私経済的活動のもつ社会的影響が大きいので、これに対して制約を加える必要があることを認めなければならない。これらの自由について憲法が公共の福祉による制約を留保したのは、このような考慮によるのである。

(b) **外国移住・国籍離脱の自由**

憲法二二条二項は「何人も、外国に移住し、又は国籍を離脱する自由を侵されない」と規定している。外国への移住は、広い意味では居住・移転の自由に含まれるが、外国移住の自由は日本以外の地域への移動である。ここでいう移住は、永続的な移住のみならず、一時的な海外への渡航=旅行も含むと解するのが通説である。移住に関しては、むしろ一項の移転に含まれると解すべきだとする見解や憲法一三条の幸福追求権の一部をなすとの見解もあるが、最高裁はいわゆる帆足計事件判決(最判昭三三・九・一〇民集一二・一三・一九六九)のなかで通説を採用している。

一時的な海外渡航に対する制限として問題となったのが、旅券法一三条一項五号の規定である。同条の「著しく且つ直接に日本国の私益又は公安を害する行為を行う虞があると認めるに足りる相当の理由がある者」に対して外務大臣は旅券の発給を拒否し得る、と定めている点を問題にした裁判があった。最高裁は、公共の福祉のために合理的な制限を定めたものであって、漠然たる基準を示す無効のものとはいえないと前記の帆足計事件判決で、これを合憲としている。学説上は、この規定は判断基準が包括的・不明確であるから違憲だとする見解もある。

さらに国籍離脱の自由を保障しているが、その手続は具体的には国籍法に規定されている。国籍離脱の自由は、国籍を脱する自由であるが、無国籍になる自由までは含まないと一般的に解されており、外国の国籍を取得したときに日本の国籍を失うとされている。世界人権宣言一五条は「何人も、ほしいままにその国籍を奪われ、又はその国籍を変更する権利を否認されることはない」として、国籍が剝奪されることがないことをうたっている。

(c) **財産権の保障**

近代憲法は、財産権を「神聖かつ不可侵の権利」(フランス人権宣言一七条)として絶対視し、その基盤のうえに資本主義体制が成立したが、資本主義経済の発展にともない、そこから生じる弊害を是正するために社会的制約のもとにおかれるようになった。ワイマール憲法は、「所有権は義務を伴う。その行使は、同時に公共の福祉に役立つべきである」(一五三条三項)と規定した。

憲法二九条一項は、「財産権は、これを侵してはならない」と財産権の保障についての原則的規定をうたっている。これは、一般に、二つの意味に理解されている。第一は、個人が現に有する具体的な財産権を基本権として保障することを意味する。つまり、公権力による侵害も許されないものである。第二に、私有財産制の制度的保障を意味する。つまり、最高裁も、森林法違憲判決(最判昭六二・四・二二民集四一・三・四〇八)において、第二九条は「私有財産制度を保障しているのみでなく、社会的経済的活動の基準をなす国民の個々の財産権につき、これを基本的人権として保障する」と確認している。

第二項は、「財産権の内容は、公共の福祉に適合するやうに、法律でこれを定める」として財産権のあり方を示している。ここで公共の福祉による財産権の制約を定めたことは内在的制約（たとえば、建築基準法、定地造成等規制法などによる規制）に服することは当然であるが、これに加えて、政策的制約にも服することを規定したものと解されている（たとえば、借地借家法に基づく借家人の保護、農地法に基づく農地の賃貸借の解約の制限、都市計画法二九条に基づく市街化区域および市街化調整区域における開発行為に対する都道府県知事の許可など）。このことは、財産権の内容の創設、変更のほか、財産権の行使を制限することにより、その範囲と限界を定めることも意味している。この場合の公共の福祉とは、社会権を実現するための社会、経済政策的考慮に基づく、いわゆる社会国家的公共の福祉を意味し、制限の方法および程度は原則として、立法府の合理的裁量に委ねられている。

最高裁は、森林法違憲判決（最判昭六二・四・二二民集四一・三・四〇八）で、財産権に対する規制について、「財産権は、それ自体に内在する制約があるほか、右のとおり立法府が社会全体の利益を図るために加える規制により制約を受けるものであるが、この規制は、財産権の種類、性質が多種多様であり、また財産権に対して規制を要求する社会的理由ないし目的も、社会公共の便宜の促進、経済的弱者の保護等の社会政策および経済政策上の積極的なものから、社会生活における安全の保障や秩序の維持等の消極的なものに至るまで多岐にわたり種々様々でありうるのである。したがって、財産権に対して加えられる規制が憲法二九条二項にいう公共の福祉に適合するものとして是認されるべきものであるかどうかは、規制の目的、必要性、内容、その規制によって制限される財産権の種類、性質および制限の程度等を比較考量して決すべきものであるが、裁判所としては、立法府がした右比較考量に基づく判断を尊重すべきものであるから、立法の規制目的が前示のような社会的理由ないし目的に出たとはいえないものとして公共の福祉に合致しないことが明らかであるか、または規制目的が公共の福祉に合致するものであっても規制手段が右目的を達成するための手段として必要性もしくは合理性に欠けていることが明らかであって、そのため立法府の判断が合理的裁量の範囲を超えるものとなる場合に限り、当該規制立法が憲法二九条二項に違背するものとして、その効力を否定することができるものと解するのが相当である」と判示し、積極的規制の面を有することを認めながら、単なる合理性の基準により判断しているわけではないのである。

財産権の内容は、法律によって定めなければならない。その制限は、必ず法律によらなければならないということである。この法律と地方公共団体の条例による財産権制限が問題になるが、最高裁は、奈良県ため池条例事件判決（最判昭三八・六・二六刑集一七・五・五二一）で、「ため池の破壊、決かいの原因となるため池の提とうの使用行為は、憲法でも、民法でも適法な財産権の行使として保障されていないものであって、憲法、民法の保障する財産権の行使の埒外にあるというべく、したがって、これらの行為を条例をもって禁止、処罰しても憲法および法律に抵触またはこれを逸脱するものとはいえない」、「事柄によっては、特定または若干の地方公共団体の特殊な事情により、国において法律で一律に定めることが困難または不適当なことがあり、その地方公共団体ごとに、その条例で定めることが、容易かつ適切なことがある」と、条例で財産権の規制を認めている。

さらに、二九条三項は、「私有財産は、正当な補償の下に、これを公共のために用ひることができる」と規定しているが、ここでいう「正当補償」とは、どのような内容のものであろうか。正当補償の意味については、相当補償説と完全補償説とが対立している。相当補償説は、社会国家の理念を強調し、かならずしも完全な補償を意味するのではなく、公共目的の性質にかんがみ、社会国家的基準に基づいて定められる妥当な、または合理的な補償を意味すると解されている。

この相当補償説は、最高裁の農地改革事件の判決（最判昭二八・一二・二三民集七・一三・一五二三）において、「憲法二九条三項にいうところの財産権を公共の用に供する場合の正当な補償とは、その当時の経済状態において成立することを考えられる価格に基き、合理的に算出された相当な額をいうのであって、必ずしも常にかかる価格と完全に一致することを要するものではないと解するのを相当とする」と判示したが、その後、最高裁は、土地収用法の定める損失補償について、「収用の前後を通じて被収用者の財産価値を等しくならしめるような補償をなすべきであり」、「金銭をもって補償する場合には、被収用者が近傍において被収用地と同等の代替地等を取得することをうるに足りる金額の補償を必要とする」と述べて、完全補償説を採用している（最判昭四八・一〇・一八民集二七・九・一二一〇）。

そこで、既存の財産法秩序を維持しつつ公共事業等の用に供するために個別財産を収用するようなときは完全補償説を、社会化立法のような既存の財産秩序の変革に伴う損失には相当補償説をと、前者を原則とし、後者を例外として限定的に解するように変遷してきている。

(三) 人身の自由

人身の自由とは、身体的自由行動の自由であり、あらゆる人権の中で最も基礎的、最小限度の自由である。人身の自由に関する規定は、明治憲法には、「日本臣民ハ法律ニ依ルニ非スシテ逮捕監禁審問処罰ヲ受クルコトナシ」(二三条)、「日本臣民ハ法律ニ定メタル場合ヲ除ク外其ノ許諾ナクシテ住所ニ侵入セラレ及捜索セラルヽコトナシ」(二五条)の二ヵ条の規定しか設けていなかったため、人身の拘束、侵害がはなはだしかった。その反省として、日本国憲法は、奴隷的拘束・苦役の禁止、被疑者・被告人の権利など詳細な人身の自由や刑事手続の保障の規定を置いている。

(a) 奴隷的拘束・苦役からの自由

憲法一八条は「何人も、いかなる奴隷的拘束も受けない。又、犯罪に因る処罰の場合を除いては、その意に反する苦役に服させられない」と規定している。この規定は、いわゆる南北戦争後の一八六五年にアメリカ合衆国憲法に加えられた修正第一三条の「奴隷または意に反する苦役は、犯罪に対する処罰として当事者が適法に有罪宣告を受けた場合を除いて、合衆国またはその管轄に属するいずれの地にも存在してはならない」という規定に由来するものだといわれている。わが国においては、明治憲法のもとでも、奴隷的制度が存在していたわけではないので、奴隷的拘束とは、人間の人格性を無視した非人間的な身体の拘束（人身売買・公娼制度、監獄部屋など）を否定することをめざした規定と解されている。つぎに、「その意に反する苦役」とは、強制労働すなわち本人の意に反して強制される労役を指すと解されている。

災害対策基本法六五条や水防法一七条は、非常災害その他の緊急時において、住民に対し、応急的な措置として労務負担を課すことを認めている。労務負担は目的が限定され、その措置が応急的・一時的なものであるため、意に反する苦役を課するものではないと解されている。

非人道的な人身拘束は、公権力に対して禁止されているのは当然であるが、それだけでなく、私人相互間の関係にも効力が及ぶものと一般に解されている。たとえば労働基準法は、使用者に対し、「暴行、脅迫、監禁その他精神又は身体の自由を不当に拘束する手段によつて、労働者の意思に反して労働を強制してはならない」（五条）として、強制労働を禁じている。さらに、一九四八年（昭和二三年）に人身保護法が制定され、単に刑事手続上の身分の拘束に対してだけでなく、行政手続による身体の拘束も含めて、不当に人身の自由を奪われている者を救済している。

(b)　**法定手続の保障**

憲法三一条は「何人も、法律の定める手続によらなければ、その生命若しくは自由を奪はれ、又はその他の刑罰を科せられない」と規定している。この規定は、刑事手続に関する総則、原則規定であるといえる。

第三一条にいう「法律の定める手続」がいかなる意味を有するかについては、種々の見解がある。通説は、科刑の手続と実体要件の両面にわたって法定しなければならないのみならず、その法律の内容が適正でなければならないという意味である。それは、単に刑事手続（刑事訴訟法など）のみならず実体法（刑法など）についても法定されるべきこと、すなわち本条が罪刑法定主義の根拠規定であり、しかもその法律内容が適正なものであることを求めている。判例（第三者所有物没収事件）もこの立場を認めている。「第三者の所有物の没収は、被告人に対する付加刑として言い渡され、その刑事処分の効果が第三者に及ぶものであるから、所有物を没収せられる第三者についても、告知、弁解、防禦の機会を与えることが必要であって、これなくして第三者の所有物を没収することは、適法な法律手続によらないで、財産権を侵害する制裁を科するに外ならないから、上記関税法による没収は、憲法三一条および二九条に違反する」と判示した（最判昭三七・一一・二八刑集一六・一一・一五九三）。憲法の法定手続の保障は、人の行為を規制し、違反者を処罰することを定める法律が、内容的に明確であることを要請している。とくに表現の自由の領域において要求されるが、それ以外の領域においても、刑罰法規の明確性が要求される。最高裁は、福岡県青少年保護育成条例にいう「淫行」の概念を限定解釈して合憲とした（最判昭六〇・一〇・二三刑集三九・六・四一三）。

さらに、憲法三一条が行政手続にも適用されるかという点がある。同条が本来刑罰との関係における手続、および実体の適正について定めたものであることはいうまでもないが、行政罰・執行罰としての過料等のような身体の拘束をともなう行政処分にも適用しうるであろう。行政手続にも適用されるかどうかは、人身の自由の剝奪は、適正な法律の根拠が必要であるため行政手続にも適用があるとみるべきであろう。

憲法三三条は、「何人も、現行犯として逮捕される場合を除いては、権限を有する司法官憲が発し、且つ理由となつてゐる犯罪を明示する令状によらなければ、逮捕されない」と規定している。憲法は捜索・押収令状の場合と同様に、逮捕についても令状主義を原則とし、いわゆる一般令状（general warrent）を禁止し、犯罪名のみならず、被疑事実をも明示した、裁判官の発する令状によらなければ逮捕されないとして、被疑者の人身の自由を確保している。

令状主義の例外として、現行犯逮捕がある。刑事訴訟法二一二条によれば、「現に罪を行い、又は現に罪を行い終つた者」が現行犯とされている。これは、犯罪が客観的に認められるし、逮捕の必要性が高く、逮捕権が濫用される危険性が少ないことが、令状主義の例外として認められる理由である。さらに、「犯人として追呼されているとき」、「誰可《すいか》されて逃走しようとするとき」などにあたる者で、「罪を行い終つてから間がないと明らかに認められるとき」（刑訴二一二条二項）にも準現行犯として現行犯とみなす旨の規定を置いている。

また、「死刑又は無期若しくは長期三年以上の懲役若しくは禁錮にあたる罪を犯したことを疑うに足りる充分な理由がある場合で、急速を要し、裁判官の逮捕状を求めることができないときは、その理由を告げて被疑者を逮捕することができる」（刑訴二一〇条一項）として、いわゆる緊急逮捕を認めている。

憲法三三条と関連して、捜査、逮捕の過程では、いわゆる別件逮捕が問題となっている。これは、本件について逮捕条件がととのわない場合に、ひとまず被疑者を証拠のある別の事件（別件）で逮捕して、余罪追及という形で本件についての取調べを行うことである。憲法が令状の要件として、「理由となっている犯罪を明示する」と求めていることなどからすれば、合憲性に疑義があり、違憲論も有力である。

(c) 不法な抑留・拘禁からの自由

憲法三四条は、「何人も、理由を直ちに告げられ、且つ、直ちに弁護人に依頼する権利を与へられなければ、抑留又は拘禁されない。又、何人も、正当な理由がなければ、拘禁されず、要求があれば、その理由は、直ちに本人及びその弁護人の出席する公開の法廷で示されなければならない」と規定している。抑留・拘禁は人身の自由に対する侵害であるので、公正に行われることを要請しているのである。

「抑留」とは、一時的な身体の拘束をいい、「拘禁」とは、継続的な身体の拘束をいう。抑留または拘禁を受ける被疑者には、「弁護人依頼権」が与えられなければならない旨を規定している。これは、被疑者が国家権力によって身体の自由を拘束されるため、法律の専門家たる弁護人を通じて、自己の身体の自由を防禦する機会を与えたものである。拘禁の場合には、正当な理由が必要であり、その際の理由も正当なものでなければならず、要求があれば公開の法廷で示さなければならない。これらの手続については、勾留理由開示請求手続として刑事訴訟法（八二条以下）の中に規定されている。

(d) 捜索・押収

何人も、その住居、書類及び所持品について、侵入、捜索及び押収を受けるには、司法官憲（裁判官）の発する令状が必要である（三五条一項）。この令状は、正当な理由にもとづき、捜索の場所と押収物件を明示した裁判官の令状が必要であり、また、数個の行為を一本の令状にまとめるのではなく、各別の令状でなければならない（同条二項）。

「捜索」とは、一定の物を捜す目的で住居や所持品を点検すること、また、「押収」とは、一定の物（証拠物や没収の対象となる物）の占有を警察等が強制的に取得することをいう。要するに、「権限を有する司法官憲」が発する捜索・押収令状による場合と「第三三条の場合」でなければ、国家権力が住居に侵入したり、捜索・押収をしたりすることは許されない。「第三三条」の意味については、判例では「第三三条による不逮捕の保障の存しない場合」（最判昭三〇・四・二七刑集九・五・九二四）を指すとしており、つまり、現行犯および逮捕令状による逮捕の場合ということである。

ところで、本来は刑事手続を直接の対象にするものであるから、行政的な臨検・差押には適用がない。しかし、行政手続にも適用されるかについては、いわゆる川崎民商事件に関する判決（最判昭四七・

一一・二二刑集二六・九・五五四）のなかで最高裁は、「当該手続が刑事責任追及を目的とするものではないとの理由のみで、その手続における一切の強制が当然に右規定（三五条）による保障の枠外にあると判断することは相当ではない」と判示している。

(e) 拷問および残虐刑の禁止

憲法三六条は「公務員による拷問及び残虐な刑罰は、絶対にこれを禁ずる」と規定している。公務員による拷問を絶対に禁じ、それを徹底するため、刑法も特別公務員（すなわち裁判・検察・警察の職務を行い、またはこれを補助する者）による暴行陵虐罪（刑一九五条）を設けて、厳しく禁じている。

拷問とは、被疑者から自白を強制するため肉体的苦痛を与えることであり、すでに明治憲法時代には拷問は法律上禁止されていたにもかかわらず、有罪の決め手となる自白を得るため拷問が現実にはあとをたたなかったため、憲法は絶対にこれを禁止し、拷問によって得られた自白については、その証拠能力を否定または制限して拷問の防止をはかっている。

残虐な刑罰とは、判例によれば、「不必要な精神的、肉体的苦痛を内容とする人道上残酷と認められる刑罰」であるとしており（最判昭二三・六・三〇刑集二・七・七七七）、最高裁は、死刑を憲法一三条と三一条を根拠として、違憲にはならないと判示した（最判昭二三・三・一二刑集二・三・一九一）。ただし、死刑執行方法のいかんによっては（たとえば火あぶり、はりつけ、さらし首、釜ゆでなどの方法）残虐な刑罰に該当するとした（最判昭二三・三・一二刑集二・三・一九一）。刑法は絞首刑を採用しているが、判例は「他の方法に比してとくに人道上残虐であるとする理由は認められない」との立場をとっている（最判昭三〇・四・六刑集九・四・六六三）。

(f) 刑事被告人の権利

日本国憲法は、刑事事件での被告人の権利を第三七条から第三九条にかけて具体的に定めている。すなわち、公平な裁判所の迅速な公開裁判を受ける権利、証人審問権および弁護人依頼権を保障している。

(イ) 公平な裁判所　憲法三七条は、被告人に「公平な裁判所の迅速な公開裁判を受ける権利」を保障している。公平な裁判とは、どのようなことを意味するのであろうか。最高裁によれば、それは組織、構成その他において偏頗《へんぱ》の惧《おそれ》なき裁判所による裁判を意味し、個々の事件につきその内容実質が具体的に公正妥当な裁判を指すものではない（最判昭二三・五・五刑集二・五・四四七、最判昭二三・五・二六刑集二・五・五二）。いくら裁判官といえども、誤判はありうるし、つねに公平や正義に合致することを望みえないからである。公平な裁判所による裁判を保障するため、刑事訴訟法は、一定の場合に、裁判官が職務から「除斥」され（二〇条）、また「裁判官が職務の執行から除斥されるべきとき、又は不公平な裁判をする虞があるとき」には、その裁判官は「忌避」される（二一条）。

(ロ) 迅速な裁判　次に、被告人は「迅速」な裁判を受ける権利を保障される。裁判の長期化は、被告人や証人の記憶の衰退とか、関係人の死去や証拠物の滅失などにより、事実の究明を困難にし公正な裁判ができなくなる。そうなれば、事実の真相を解明し、「罪なき者を罰せず罪ある者を逸せず」、刑事法令を適正かつ迅速に適用実現するという、刑事司法の理念が達せられなくなる。そうした弊害防止から設けられたのが、裁判の「迅速性」である。

何が迅速かについては問題になるが、迅速な裁判の保障条項は、「審理の著しい遅延の結果、迅速な裁判を受ける被告人の権利が害されたと認められる異常な事態が生じた場合」には、これに対処すべき具体的な規定がなくても、「審理を打ち切るという非常救済手続がとられるべきことをも認めている趣旨」と解し、第一審での公判審理が一五年余のあいだ中断した、いわゆる「高田事件」に関して、最高裁は「免訴」の言渡しをするのが相当とする判断を示した(最判昭四七・一二・二〇刑集二六・一〇・六三一)。

(ハ) 証人審問権　　憲法三七条二項は、「刑事被告人は、すべての証人に対して審問する機会を充分に与へられ、又、公費で自己のために強制的手続により証人を求める権利を有する」と定めている。

前段の「証人審問権」は、被告人に不利益な証拠となる可能性のある供述をする者(証人)に対して、審問する機会を被告人に与えることにより、自己を防禦させようとするものである。すなわち、被告人の証人に対して行う主尋問の権利と検察側の証人に対して行う反対尋問の権利を保障する規定である。

後段の「証人喚問権」は、被告人に防禦権を行使させるために、自分に有利な証言をするであろう証人を法廷に呼び、審問する機会を与えている。本条でいう証人とは、当該事件の「裁判に必要適切」と認める証人を喚問すればよいとされる（最判昭二三・七・二九刑集二・九・一〇四五）。

(ニ) 弁護人依頼権　憲法三七条三項は、「刑事被告人は、いかなる場合にも、資格を有する弁護人を依頼することができる。被告人が自らこれを依頼することができないときは、国でこれを附する」と規定している。被疑者については、憲法三四条にて弁護人依頼権が保障されているが、刑事被告人については、資格を有する弁護人と、被告人が自ら依頼できないときは、いわゆる国選弁護人がつけられるとしている。

刑事訴訟法は、「死刑又は無期若しくは長期三年を超える懲役若しくは禁錮にあたる事件を審理する場合には、弁護人がなければ開廷することはできない」、その場合において「弁護人が出頭しないとき又は弁護人がないときは、裁判長は、職権で弁護人を附しなければならない」（必要的弁護）として、被告人の弁護活動を確保している（二八九条）。

(g) **自白の制限と証拠能力**

憲法三八条一項は「何人も、自己に不利益な供述を強要されない」と規定している。いわゆる「自己帰責供述強要の禁止」・「自己負罪（self-incrimination）禁止」と黙秘権すなわち「自己が刑事訴追を受け、又は有罪判決を受ける虞のある証言を拒むことができる」（刑訴一四六条）権利を定めている。

刑事手続においては、被疑者の自白が最も重要な決め手となるため、刑事責任追及のためには、被疑者に強制力を用いて自白を得ようとするので、自己の刑事上の責任を問われるおそれのある事実とか、量刑にかかわる不利な事実などについて、供述されることを強要されないことを保障する必要があるからである。この規定は被疑者のみならず、刑事被告人や証言義務を有する証人等にも保障される。

憲法三八条一項は、いわゆる「自己帰責供述強要の禁止」を規定しているが、これを確保するために同条二項・三項は、違法な方法で得られた自白の証拠能力を制限している。第二項は、「強制、拷問若しくは脅迫による自白又は不当に長く抑留若しくは拘禁された後の自白は、これを証拠とすることができない」として、被告人の任意でない自白の証拠能力を否定（自白排除の法則）し、第三項は、何人も、自己に不利益な唯一の証拠が本人の自白であっても、それを補強する別の証拠がなければ有罪とされない旨を規定している（自白補強法則）。第三項の規定は、公判廷における自白が、本人の自白といえるかどうかが、問題となる。「被告人は、公判廷における自白であると否とを問わず、その自白が自己に不利益な唯一の証拠である場合には、有罪とされない」（刑訴三一九条二項）としているが、最高裁は、「公判廷における被告人は、自己の真意に反してまで軽々しく自白し、事実にあらざる自己に不利益な供述をするようなことはないとみるのが相当である」として、公判廷における被告人の自白は「本人の自白」に含まれないと解している（最判昭二三・七・二九刑集二・九・一〇一二）。

(h) 事後法の禁止

憲法三九条前段前半は「何人も、実行の時に適法であつた行為……については、刑事上の責任を問はれない」と規定している。この規定は、罪刑法定主義の憲法上の根拠になっているもので「事後法」(ex post facto law) の禁止の原則とか「遡及処罰」の禁止の原則と呼ばれている。事後法というのは、行為時実行の時に適法であった行為を後になって違法にする立法のことである。この規定の趣旨は、行為時に適法であった行為について、事後的に立法がなされ、遡及して処罰されるということになると、われわれの生活は不安な状態におかれるだけでなく、また正義に反するといえるので、これを禁じるのである。

(i) 一事不再理ないし二重の危険の禁止

憲法三九条前段後半は「何人も……既に無罪とされた行為については、刑事上の責任を問はれない」と規定し、後段でも「又、同一の犯罪について、重ねて刑事上の責任を問はれない」と規定している。この両者の規定の解釈は、諸説紛紛といったところであるが、前者は、いわゆる「一事不再理」、つまり、一度無罪の判決が確定すれば、これを覆して改めて処罰してはならないということを定めているのであり、後者は、いわゆる「二重処罰の禁止」、つまり、ある行為について被告人をいったん処罰したのちに、その同一の行為に対して別の犯罪として重ねて処罰することの禁止を定めたものと解するのが一般的である。最高裁によれば、「元来一事不再理の原則は、何人も同じ犯行について、二度以上罪の有無に関する裁判を受ける危険に曝されるべきものではないという、根本思想に基づくことは言うをまたぬ」とし、ここでいう「危険」とは「同一事件においては、訴訟手続の開始から終末に至るまでの一つの継続的状態を見るを相当」とし、「同じ事件においては、いかなる段階においても唯一の危険があるのみ」であるとして、「二重の危険」の思想を結びつけて「一事不再理」の原則を理解している（最判昭二五・九・二七刑集四・九・一八〇五）。

4 社会権

近代憲法は、個人の自由及び平等を前提として、国家の干渉を排除することにより、個人の自由な活動を保障した。その中枢となったのが自由権なかんずく経済的自由の保障であった。そのもとで資本主義の発展により、富めるものと持たざるものとの格差と種々の弊害をもたらしたため、とくに経済的自由権は早晩修正されざるをえなくなった。つまり、自由主義経済機構のもつ弊害を修正して、国家が社会的弱者の救済のために、積極的介入が要請されるようになったのである。夜警国家（自由国家）から福祉国家（社会国家）への転換であり、国家による不干渉から積極的関与主義への転換である。そこに、ワイマール憲法をはじめとする二〇世紀の立憲的憲法は、生存権や労働者の権利などのいわゆる社会権的基本権という権利を規定するようになった。わが憲法は、生存権的基本権として、生存権（二五条）、教育を受ける権利（二六条）、勤労権（二七条）、勤労者の団結権、団体交渉その他団体行動権（二八条）四つの権利を規定している。

㈠ 生 存 権

憲法二五条一項は、「すべて国民は、健康で文化的な最低限度の生活を営む権利を有する」と規定している。この「健康で文化的な最低限度の生活を営む権利」としての生存権の法的性格については、プログラム規定説、抽象的権利説および具体的権利説に大別される。

最高裁は食管法違反事件（食料管理法に違反して闇米を購入、運搬した人が起訴された事件）の判決（最判昭二三・九・二九刑集二・一〇・一二三五）で、憲法二五条一項は、「すべて国民が健康で文化的な最低限度の生活を営み得るような国政を運営すべきことを責務として宣言したものである。……国家は、国民一般に対して概括的にかかる責務を負担しこれを国政上の任務としたものであるけれども、個々の国民に対して具体的、現実的にかかる義務を有するのではない」と、プログラム規定説をとった。

プログラム規定説の論拠として、①資本主義経済体制のもとでは、生存権の権利性を支える実質的基盤が欠けていること、②生存権の実現は予算の拘束を受けるが、予算の配分は国の財政政策の問題であること、③第二五条の規定の文言は抽象的で漠然としており、法律による具体的基準の設定をまたなければ、具体的な執行は不可能であることがあげられる。

プログラム規定説に対して、生存権を法的権利と解する説が主張されるが、これはさらに抽象的権利説と具体的権利説に分かれる。抽象的権利説によると、国民は、第二五条一項により、国に対して「健康的文化的な最低限度の生活を営む権利」を有し、国はそれに対応する法的義務を有する。しかし、この権利は抽象的な権利であって、それ自体は裁判上請求しうる具体的な権利でない。生存権と具体化する法律が存在するとき、裁判上請求しうる生活保護請求権を根拠づけるのである。このかぎりにおいて抽象的権利説は第二五条一項の規定に裁判規範性を認めているのである。

朝日訴訟一審判決（東京地判昭三五・一〇・一九行裁集一一・一〇・二九二一）は、「（生活保護法八条二項にいう）『最低の生活』とは、同法第三条によれば『健康的文化的な水準』を維持することができるものでなければならない。……これが憲法第二五条一項に由来することは多言をまたないところであり、『健康的文化的な』とは決して単なる修飾ではなく、その概念にふさわしい内容を有するものでなければならないのである。……もちろん、具体的にいかなる生活水準をもってここにいう『健康的文化的な生活水準』と解すべきかはそれが単なる数値算定の問題にとどまらず微妙な価値判断を伴う……しかしそれはあくまで前記憲法（二五条）から由来する右法第三条、第八条二項に規定せられるところを逸脱することを得ないものであり、その意味においていわゆる羈束行為というべきものである」との判旨から抽象的権利説を読みとることができる。

これに対し、具体的権利説は、第二五条一項が、権利主体、権利内容、権利の名宛人に関してかなり明確な内容を示しているため、その内容にふさわしい立法を請求しうる具体的権利を第二五条に根拠づけることができるとし、現実には、立法者が義務を履行しないことによって生ずる生存権の侵害に対し、立法の不作為の違憲確認訴訟を提起することができるとしている。

なお、憲法の「健康で文化的な最低限度の生活」水準なるものが、具体的な事件において、裁判所の判断によりどの程度明確化しうるのであろうか。すなわち、立法裁量論である。最高裁は堀木訴訟判決（最判昭五七・七・七民集三六・七・一二三五）のなかで、きわめて広い立法裁量を認めている。

「『健康で文化的な最低限度の生活』なるものは、きわめて抽象的・相対的な概念であって、その具体的内容は、その時々における文化の発達の程度、経済的・社会的条件、一般的な国民生活の状況等との相関関係において判断決定されるべきものであるとともに、右規定を現実の立法として具体化するにあたっては、国の財政事情を無視することができず、また、多方面にわたる複雑多様な、しかも高度の専門技術的な考察とそれに基づいた政策的判断を必要とするものである。したがって、憲法二五条の規定の趣旨にこたえて具体的にどのような立法措置を講ずるかの選択決定は、立法府の広い裁量にゆだねられており、それが著しく合理性を欠き明らかに裁量逸脱、濫用と見ざるを得ないような場合を除き、裁判所が審査判断するのに適しない事柄であるといわなければならない」とした。

さらに第二五条の一項と二項を区別して、一項を公的扶助を中心とする救済政策のための規定、二項を防貧施策のための規定の、一項二項分離論である。一項の最低限度の生活を保障する救貧施策の実現に関しては裁量の範囲は狭く、憲法判断においても厳格な審査が妥当するとしている。二項については、防貧施策を実現する立法には広い裁量がみとめられ、合憲性の判断にも「明白性の原則」が適用されるとした。この一項二項分離論は、堀木訴訟第二審判決（大阪高判昭五〇・一一・一〇行集二六・一〇・一一・一二六八）によって採用された。

(二) 教育を受ける権利

憲法二六条は、「すべて国民は、法律の定めるところにより、その能力に応じて、ひとしく教育を受ける権利を有する」（一項）、「すべて国民は、法律の定めるところにより、その保護する子女に普通教育を受けさせる義務を負ふ。義務教育は、これを無償とする」（二項）と定めて、教育に関する憲法原理を宣明している。

明治憲法時代は、教育に関する事柄がほとんど命令によって規定され、国民に強要される義務と観念されていたが、今日では子供を主体とする学習権となった。その本質は、最高裁によれば、「この規定（二六条）の背後には、国民各自が、一個の人間として、また一市民として、成長し、発達し、自分の人格を完成、実現するために必要な学習をする固有の権利を有すること、特にみずから学習することのできない子どもには、その学習を充足するための教育を自己に施すことを大人一般に対して要求する権利を有することの観念が存在していると考えられる。換言すれば、子どもの教育は、教育を施す者の支配的権能ではなく、何よりもまず、子どもの学習する権利に対応し、その充足をはかりうる立場にある者の責務に属する」(最判昭五一・五・二一刑集三〇・五・六一五〔旭川学力テスト事件〕)として捉えている。

教育を受ける権利は、とくに、教育を受ける機会をもたない国民は国の配慮を求めることができる。そこで憲法は「能力に応じて、ひとしく」教育を受ける権利があることを規定している。すなわち、教育の機会均等であり、教育基本法はこれについて、「すべて国民は、ひとしく、その能力に応ずる教育を受ける機会を与えられなければならないものであつて、人種、信条、性別、社会的身分、経済的地位又は門地によつて、教育上差別されない」(三条一項)と規定している。

教育を受ける権利に基づいて国民が受けるところの教育の内容については、だれが、どのように決定するのであろうか。これには、国民教育権説と国家教育権説とが対立している。前出の旭川学力テスト最高裁判決では、両説を折衷する立場に立ちつつ、広範な国の教育内容決定権を認めるにいたっている。

第二六条二項は、「すべて国民は、法律の定めるところにより、その保護する子女に普通教育を受けさせる義務を負ふ。義務教育は、これを無償とする」と規定している。義務教育費の無償の法的性格ないし範囲については、①憲法は、国が就学義務を国民に強要する反面、義務教育に要する費用を可能なかぎり無償とすべきことを国の義務として宣言したにすぎず、無償とする範囲は国の財政事情等に応じて別に法律で具体的に定めるという無償範囲法定説、②無償の範囲は、教育提供に対する対価としての授業料にかぎられるとする授業料無償説がある。教育基本法は、国公立学校の授業料不徴収（四条三項）について規定し、教科書無償措置法（昭三八法一八二）は、無償の範囲を教科書にまで及ぼしている。

最高裁の見解は、授業料以外の教科書等の費用については、「できるだけ軽減するよう配慮、努力することは望ましいことであるが、それは、国の財政等の事情を考慮して立法政策の問題として解決すべきである」とする（最判昭三九・二・二六民集一八・二・三四三〔教科書代金負担請求事件〕）。

(三) 勤労の権利および労働基本権

憲法は、「すべて国民は、勤労の権利を有し、義務を負ふ」（二七条一項）と定め、一般に労働権と呼ばれている、勤労の権利を保障している。

労働権の観念は、フランスの一八四八年憲法の制定に際し登場するが、一九一九年のワイマール憲法が、「すべてドイツ人は、経済的労働によってその生活資糧を獲得する可能性が与えられなければならない。適当な労働の機会が与えられない者に対しては、必要な生計についての配慮がなされる。詳細は、特別のライヒ法律によって定める」（一六三条二項）と規定して、はじめて憲法上保障されるようになった。

その後、一九四六年のフランス憲法（前文五項）、一九四七年のイタリア憲法（四条一項）等が労働権について規定している。社会主義憲法としては、一九三六年のソ連憲法があげられる。国際人権規約も、この規約の締約国は、働く権利を認め、かつ、この権利を保障するため適当な措置をとる。この権利には、すべての者が自由に選択しまたは承諾する労働によって生活費を得る機会を求める権利を含む（六条一項）と規定している。

勤労の権利の法的性格であるが、すべての国民は勤労の権利をもつが、この権利も、労働の意思と能力をもつ国民が、国に対して労働の機会を求める具体的請求権ではない。したがって、勤労の権利の宣言は、雇用の促進、職業の安定、失業の救済などの立法と施策によって具体化すべき国の責務を定めたものであると考えられる。職業安定法、雇用保険法などは、そのような立法例である。

憲法は、「賃金・就業時間、休息その他の勤労条件に関する基準は、法律でこれを定める」（二七条二項）と規定することにより、私的自治の原則に一定の制限を加え、経済的弱者である勤労者の権利の保護をはかっている。この趣旨を具体化したものが労働基準法であり、そこでは、「労働条件は、労働者が人たるに値する生活を営むための必要を充たすべきものでなければならない」（一条一項）と定めている。

このほか、「児童は、これを酷使してはならない」（二七条三項）と児童の勤労条件に関する指針を示し、児童の酷使を禁止している。過去において、年少者が劣悪な労働条件のもとで酷使された経験にかんがみて規定されたものである。このための法律として、児童福祉法、労働基準法（五六条以下）がある。

(a) **労働基本権**

憲法二八条は、「勤労者の団結する権利及び団体交渉その他の団体行動をする権利は、これを保障する」と定め、労働者の団結権、団体交渉権、および争議権のいわゆる労働基本権（労働三権）を保障する。近代市民法原理である契約自由のもとにおいては、劣悪な労働条件で働かざるをえない労働者は、使用者と対等な立場に立ち、実質的な自由と平等を確立し、人間らしい生存を確保できるようにするためには、団結を通して、労働条件の獲得をはかる制度の確立を要求せざるをえなかった。しかし、市民法原理に反するとして、各国において、労働者の団結は、禁止され、処罰の対象となった。労働者の団結権に国家の積極的な保障がなされるようになったのは、わが国では第二次大戦後からである。

労働基本権の法的性格については、一面において、他の社会権と同じように、国がこれらの権利を保障するため労働者の使用者に対する具体的権利として捉えられ、さらに、国は労働者の団結、団体行動等の自由を妨げたり、労働者の団結や争議行為に刑事罰を加えてはならないという面をもっている。

団結権とは、労働者が労働条件の維持・改善のために使用者と対等に交渉する力をもった団体（労働組合）を結成し、あるいはこれに加入する権利ならびに労働者のつくった団体自体の権利をいう。団結権は結社の自由にとどまらないのであって、団体は一定の限度内において、団体に加入しない自由を制限し、労働者に対して団体への加入を強制する組織強制（加入強制）が許されている。たとえば、組合加入を雇用条件とするクローズド・ショップ、採用後一定期間内に組合に加入しなければ解雇されるユニオン・ショップがある。ユニオン・ショップに関しては、勤労の権利を否定する効力を有するため、無制限に認めるべきではないであろう。

団体交渉権とは、労働者が団結して、労働条件その他の事項に関して使用者と交渉する権利である。労使間が対等な立場に立って交渉し、自主的に労働条件を決定するのが近代的労使関係のあり方である。使用者は、労働者の代表者との団体交渉を正当な理由なく拒否することはできない（労組七条二項）。団体交渉の結果として、合意に達した事項は、規範として効力をもつ「労働協約」として締結される。それは使用者と個々の労働者との間で結ばれる「労働契約」に優先する効力をもっている（労組一六条）。

「その他の団体行動をする権利」とは、労働条件の維持、改善のために団体交渉をする労働者が主張を貫徹するために団体として行動する権利のことであり、具体的にはストライキを中心とする争議を行う権利である。労働関係調整法によると、争議行為について、「同盟罷業、怠業、作業所閉鎖その他労働関係の当事者が、その主張を貫徹することを目的として行ふ行為及びこれに対抗する行為であつて、業務の正常な運営を阻害するものをいふ」（七条）と定めている。

争議権の限界については、争議行為について刑事責任を追及されず（刑事免責、労組一条二項）、また、使用者との関係では、争議権の承認は、債務不履行や不法行為の責任を追及されることなく（民事免責、同法八条）、争議行為を理由に解雇その他の不利益な取扱をすることを禁止されている（不当労働行為、同法七条一項）。

正当な争議行為としておこなわれる行為については、民事上及び刑事上の責任を問われない。何が正当な争議行為かについては、さまざまな議論がなされている。学説が対立するのは、いわゆる政治的目的をもつ政治ストについてである。判例によると、争議権が認められるのは団体交渉における労使間の実質的対等を確保するためであり、争議行為の目的は労使間の団体交渉の対象たりうるものでなければならないことを理由に、政治ストや同情ストを違法としている（最判昭四一・一〇・二六刑集二〇・八・九〇一（全逓東京中郵事件））。

争議行為または態様の面からも、争議行為の正当性が問題となる。暴力の行為が正当でないことは当然であるが、ストライキに際して監視または見張りをするピケッティングの正当性およびその限界については見解が分かれるところであり、具体的事情のなかで判断することになろう。使用者の意思に反して労働者が企業の物的施設を自己の支配下におき、自ら企業行為を行う、いわゆる生産管理も原則として違法である。

(b) **公務員の労働三権**

現行法制のもとでは、公務員は、多かれ少なかれ民間の労働者とは異なる労働三権の制約を受けている。まず、①自衛隊員、警察職員、消防職員、監獄職員などは、三権全部が、②非現業の国家公務員および地方公営企業以外の地方公務員は、団体交渉権と争議権が、③現業の国家公務員および地方公営企業職員(国営企業労働関係法一七条、地方公営企業労働関係法一一条)は、争議権のみが否定されている。

公務員の一切の争議行為を禁止することについては、最高裁によれば、全逓東京中郵事件の判決において、公務員の労働権には、その職務の内容に応じて、私企業における労働者と異なる制約を内包していることを認め、その制限の合憲性を判定する基準として、①労働基本権の制限は、労働基本権を尊重確保する必要と国民生活全体の利益を維持増進する必要とを比較衡量して、両者が適正な均衡を保つことを目途として決定すべきであるが、労働基本権が勤労者の生存権に直結し、それを保障するための重要な手段である点を考慮すれば、その制限は、合理性の認められる必要最小限度のものにとどめなければならない。②労働基本権の制限は、勤労者の提供する職務または業務の停滞が国民生活全体の利益を害し、国民生活に重大な障害をもたらすおそれのあるものについて、これを避けるために必要やむを得ない場合について考慮されるべきである。③労働基本権の制限違反に伴う法律効果、すなわち、違反者に対して課せられる不利益については、必要な限度をこえないように、十分な配慮がなされなければならない。④職務または業務上の性質からして、労働基本権を制限することがやむを得ない場合には、これに見合う代償措置が講ぜられなければならない、として法律の制定、法解釈適用に際して、指針を示した。

また、争議行為としての正当性の限界について、①争議行為が政治的目的のために行われた場合、

②暴力を伴う場合、③社会通念に照らして不当に長期に及ぶときのように国民生活に重大な障害をもたらす場合には、争議行為としての正当性の限界をこえるもので、刑事制裁を免れないとした。

このように、いわゆる合憲限定解釈は、学説によっても支持された。しかし、その後、最高裁は、全農林警職法事件の判決（最判昭四八・四・二五刑集二七・四・五四七）において、判例を変更して、①実質的には、公務員の使用者は国民全体であり、その労務提供義務は国民全体に対して負うものである。もとよりこのことだけの理由から公務員に対して団結権をはじめその他一切の労働基本権を否定することは許されないのであるが、公務員の地位の特殊性と職務の公共性にかんがみるときは、これを根拠として公務員の労働基本権に対し必要やむをえない限度の制約を加えることは、十分合理的な理由があるというべきである。②公務員の勤務条件は、私企業の場合と異なり、法律と予算で定められるのであるから、争議行為は民主的に行われるべき勤務条件決定の手続過程を歪曲し、議会制民主主義に背馳し、国会の議決権を侵すおそれすらなしとしないのである。③公務員の争議行為には、私企業と異なり、ロックアウト、市場抑制力などの歯止めがない。④労働基本権の保障に代わる代償措置が設けられていることを理由に、公務員の争議行為の一律全面的禁止とその違反に対する刑事制裁を科すべきことを合憲と判断した。

5　受益権・参政権

(一)　受益権

受益権とは、国民が国や公共団体に対して、自己の利益となる国務に関する一定の行為を要求する権利をいう。国務請求権、国家行為要求権ともいわれている。そのなかには、請願権、賠償請求権、裁判請求権、刑事補償請求権の四つを規定している。

(a)　請願権

「何人も、損害の救済、公務員の罷免、法律、命令又は規則の制定、廃止又は改正その他の事項に関し、平穏に請願する権利を有し、何人も、かかる請願をしたためにいかなる差別待遇も受けない」（一六条）。

請願の歴史は、古くイギリスの議会制度の変遷において、請願の形式をとっていた。その後、権利の章典（一六八九年）により個人の権利として承認される。この権利は、議会が存在しても、参政権、司法救済、言論の自由が確保されていない時代には、民意を為政者に伝達する唯一の手段であったが、議会制度の発達により、請願の重要性は減退してきたとされている。請願権は、適法に行われた請願に対し、回答その他の具体的行動を要求し得る権利ではなく、その受理と誠実処理を要求し得る権利（請願法五条）にすぎないからである。しかし、今日でも、請願は選挙と並んで、権利侵害に対する救済、国家意思の形成に参加する重要な手段であることに変わりはない。

請願権は、国又は地方公共団体の機関に対して、その職務に関する事項について希望、要請を申述する権利のことである。国家機関はこれを受理し、誠実に処理しなければならないのであり、国家機関に対し、積極的に一定の行為を要求する国務請求権の一つといえる。しかし、この権利は、請願の内容に関して国家機関に審査、裁定、回答を義務づけるものでないから、法的効果はきわめて小さい。

請願の内容として憲法一六条は、「損害の救済、公務員の罷免、法律、命令又は規則の制定、廃止又は改正その他の事項」をかかげているが、国又は地方公共団体の機関の権限内のすべての事項に及ぶと解されている。明治憲法下の請願権の対象が限定的（憲法および皇室典範の改正ならびに裁判に関する請願を禁止している）であったのに対し、今日では無制限になっている。請願は、平穏になされなければならないのであり、暴力を用いることは許されない。この法律に適合する請願は、官公署において、これを誠実に処理しなければならない（請願法五条）。請願の手続については、請願法のほか、国会法、衆議院規則および参議院規則および地方自治法に具体的に定めてある。

(b) 賠償請求権

憲法は、「何人も、公務員の不法行為により、損害を受けたときは、法律の定めるところにより、国又は公共団体に、その賠償を求めることができる」（一七条）と規定して、公務員の不法行為により損害を受けたときは、国又は公共団体に対して、法律の定めるところにより賠償請求権を保障している。

明治憲法下においては、国の賠償責任をみとめる憲法規定や法律はなく、公の営造物の設置または管理の瑕疵のように、非権力的作用の発動として行われた場合に限り、国は賠償責任を負うと考えられていたが、権力的行政作用については民法の規定が適用されず、国家責任は否定されていた。現行憲法下では、国家無責任の原則をあらため、権力的作用か非権力的作用かを問わず、国または公共団体の不法行為を承認した。本条をうけて国家賠償法は、①公権力の行使にあたる公務員の不法行為に基づく損害の賠償（同一条）、③民法の規定による損害賠償（同三条）、④特別法の定める損害賠償（同五条）が定められている。特別法には、郵便法六八条以下、郵便貯金法二七条等がある。

国の賠償責任の性質については、国は被害者の救済を重視するという政策的理由から、公務員の責任を代わって引き受けるという代位責任説と社会公共のために公務員を使って行う行政活動は、つねに違法な加害行為を生む高度の危険性を伴っており、そこで生じた損失も社会全体でつぐなうのが当然だと考えるべきで賠償責任はあくまでも国の自己責任という自己責任説がある。

(c) **裁判請求権**

憲法三二条は、「何人も、裁判所において裁判を受ける権利を奪はれない」と規定し、刑事について憲法三七条一項は、「すべて刑事事件においては、被告人は、公平な裁判所の迅速な公開裁判を受ける権利を有する」と裁判を受ける権利を保障している。これによって、一方で、誰でも平等に民事および刑事の裁判ばかりでなく行政の事件において、法律上の争いがある場合には、憲法七六条の定める裁判所の裁判を求める権利、つまり裁判を拒絶されない権利を有している（積極的権利）と同時に、刑事事件においては、裁判所による裁判によってでなければ刑罰を科せられない（消極的権利）ということを意味する。

刑事事件について公開の裁判をうけることを被告人の権利として保障しているが、憲法八二条一項は「裁判の対審及び判決は、公開法廷でこれを行ふ」と定めている。これは「裁判が公正に行われることを制度として保障し」、「国民の信頼を確保しようとする」趣旨から設けられたものである（最判平一・三・八民集四三・二・八九）。ただ、第八二条二項は、「裁判所が、裁判官の全員一致で、公の秩序又は善良の風俗を害する虞があると決した場合には、対審は、公開しないでこれを行ふことができる。但し、政治犯罪、出版に関する犯罪又はこの憲法第三章で保障する国民の権利が問題となつてゐる事件の対審は、常にこれを公開しなければならない」と定めている。

(d)　**刑事補償請求権**

憲法四〇条は「何人も、抑留又は拘禁された後、無罪の裁判を受けたときは、法律の定めるところにより、国にその補償を求めることができる」と規定している。犯罪を行った疑いのある者の身分を拘束し、裁判所に起訴し、裁判に付した後に無罪となった場合、国家の刑罰権の行使によって身体を拘束され起訴された者は、大きな被害、不利益をこうむったわけであるから、それに対して事後的に救済を与え、金銭的な償い（補償）をしなければ、著しく正義、公平に反するのである。そうした趣旨から、いわば無過失損害賠償制度として設けられたのがこの制度である。憲法四〇条を具体化した法律が、一九五〇年の「刑事補償法」である。同法によれば無罪の裁判を受けた者（一条）、または「免訴又は公訴棄却の裁判を受けた者」で「もし免訴又は公訴棄却の裁判をすべき事由がなかつたならば無罪の裁判を受けるべきものと認められる充分な事由がある」（二五条一項）者が、未決の抑留または拘禁を受けた場合、または刑の執行、労役場留置、もしくは死刑執行のための拘置を受けたときに、国に対して補償を請求することができることになっている。しかし、身体を拘束された者が不起訴処分を受けて釈放された場合には、被疑者補償規程により、一定の補償がなされている。

(二) 参政権

憲法は、「公務員を選定し、及びこれを罷免することは、国民固有の権利である」（一五条一項）と規定して、公務員の地位が究極において国民の意思に基づくという国民主権の原理を具体的に明らかにしている。もっとも公務員の地位が国民の意思に基づくといっても、すべて公務員を国民が直接に選定、罷免権を行使することまで保障しているわけではない。国民が任免権をもつ場合としては、国会議員（四三条）、地方公共団体の長、その議会の議員及び法律の定める吏員（九三条）、最高裁判所の裁判官の国民審査（七九条）をあげることができる。

「すべて公務員は、全体の奉仕者であつて、一部の奉仕者ではない」（一五条二項）。公務員は、国民全体の利益になるようにその職務を行使すべきであって、一部の者の特殊な利益のために行使すべきではないという公務員の本質を宣明したものである。そこから公務員の政治的中立性が要請され、そのことを根拠として、公務員の政治的行為は大幅に制限されている。猿払事件の第一審判決（旭川地裁昭四三・三・二五下刑集一〇・三・二九三）は、「政治活動を行う国民の権利の民主主義社会における重要性を考えれば国家公務員の政治的活動の制約の程度は、必要最小限度のものでなければならない」とし、非管理職である現業公務員で、その職務内容が機械的労務の提供に止まるものが、勤務時間外に、国の施設を利用し、もしくはその公正を害する意図なしに行った〈政治的行為〉に国家公務員法の罰則規定を適用することはできないと判示した。

これに対して最高裁は、公務員に対する政治的行為の禁止が合理的で必要やむをえない限度にとどまるものか否かを判断するにあたっては、①禁止の目的、②この目的と禁止される政治的行為との関連性、③政治行為を禁止することにより得られる利益と禁止することにより失われる利益との均衡の三点から検討することが必要であるとしたうえで、公務員が全体の奉仕者であるため政治的中立性が要請されていること、および行為の禁止が間接的、付随的な制約にすぎないことを指摘し、憲法の許容限度内にあると判示している（最判昭四九・一一・六刑集二八・九・三九三）。

「公務員の選挙については、成年者による普通選挙を保障する」（一五条三項）。本条にいう「公務員」とは、広く、立法・行政・司法のいかんを問わず、国や公共団体の事務を担当するすべての者を指す。明治憲法のような二元的構造（天皇の官吏と国民を代表する議員）をとらないで、一元構造的に公務員概念を観念している。

公務員の選定・罷免について、憲法自身が国民によって直接に選定（特に選挙）・罷免されることを明らかにしているものとして、国会議員（四三条）ならびに地方公共団体の長やその議会の議員（九三条三項）の選挙や国民審査による最高裁判所裁判官の罷免がある。

選挙権の行使に関して、近代議会制の展開の中で、民主主義的選挙原則として、普通、直接、自由、平等、秘密選挙が確立している。普通選挙とは、財産的要件のみならず、人種、信条、性別、社会的身分、門地、教育、財産、収入などを要件とせず、国民や住民にひとしく選挙権を与えて行われる選挙をいう。この普通選挙の原則は、特定の国民や住民を、政治的・経済的・社会的理由によって選挙から閉めだすことを、立法者に対して禁止する（制限選挙の排除）。普通選挙原則については、憲法や法律による選挙権の制限が問題となる。判例・学説は、選挙の公務性に基づく立法裁量論の導入によって、現行法上の制限を容認してきた（最大判昭二五・四・二六刑集四・四・七〇七、最大判昭三〇・二・九刑集九・二・二一七）。

現行の公選法には、国籍、年齢、住所といった選挙権の積極的要件（公選九条）をはじめ、成年被後見人、受刑者、選挙犯罪者に関する欠格条項（消極的要件）（公選一一条・二五二条）など、選挙権には種々の制限が規定されている。普通選挙原則の導入後も、社会の下層階級の有権者の投票価値を無価値にし、普通選挙の意義を損なわせる制度が世界的には二〇世紀に入っても残っていた。今日ではそういう選挙制度を排除して、各人の有する投票権の価値の平等を要請する平等選挙、すなわち「一人一票の原則」が確立している。平等選挙の原則は、投票価値（一票の重み）の平等は、多数代表制では、選挙区の区画との関連で問題となる。これに関しては、衆議院や参議院における選挙区選挙での議員定数不均衡問題がある。一九七六年に、最高裁は、衆議院のケースで、初めて①憲法が一四条一項、一五条一項、三項、四四条ただし書きで規定する選挙権の内容、すなわち各選挙人の投票価値の平等をも要請する、と位置づけ、②投票価値の平等は、絶対的な形における実現を必要とするものではないが、国会の立法裁量の際の考慮事項の一つにとどまらない、③国会の立法裁量による投票価値の不平等は、重要な政策的目的・理由に基づく結果として合理的で是認できるものでなければならない、とし、具体的な適用として、衆議院議員定数の不均衡につき約四・九九倍の較差を違憲と判断した（最大判昭五一・四・一四民集三〇・三・二二三）。

直接選挙とは、選挙人が公務員を直接に選挙する制度をいう。国会議員の選挙（四四条）については、国民主権下での代表民主制の要諦であることを考えると直接選挙の意味と解すべきであろう。自由選挙とは、投票の自由、すなわち選挙人が強制や外部からの干渉を受けることなく選挙権を行使できる制度をいう。自由選挙については、一五条四項前段が秘密選挙を後段が投票の無答責を規定しているが、さらに一九条、二一条および一三条、一四条一項から当然に保障されると解されている。自由選挙の原則は、投票の自由を中核として、立候補の自由、選挙活動の自由など、選挙の全過程に及ぶものである。秘密選挙（秘密投票）とは、誰に投票したかを秘密にする制度を言い、選挙人が不当な政治的・社会的・経済的抑圧に害されることなく、自己の自由な意思に基づいて投票ができることを保障するものである（公開選挙の排除）。公職選挙法は、無記名投票（公選四六条四項）、投票内容の陳述義務の否定（公選五二条）、投票の秘密侵害罪（公選二二七条）、投票干渉罪（公選二二八条）などの規定を設けて投票の秘密の確保をはかっている。選挙権のない者や代理投票した者の投票内容につき、議員の当選の効力を定める手続の中で調べてはならない（最判昭二五・一一・九民集四・一一・九）としたものや、警察官が詐欺投票事実の立証のために行った投票済み投票用紙の差押えを投票の秘密を侵す違法なものとした（大阪地堺支判昭六一・一〇・二〇判時一二一三・六一）判例がある。

〈参考文献〉

阿部照哉・池田政章編『新版憲法(2)・(3)』有斐閣双書、一九九五年。
宮沢俊義『憲法Ⅱ〈新版〉』有斐閣、一九七一年。
小林直樹『憲法講義上・下〈新版〉』東大出版会、一九八一年。

芦部信喜・高橋和之・長谷部恭男『憲法判例百選ⅠⅡ〈第四版〉』（別冊ジュリスト）有斐閣、二〇〇〇年。

III 統治機構

1 国民主権と天皇制

(一) 国民主権の原理と天皇制

(a) 国民主権の原理

国民主権の原理は、近代国家の成立以降、各国憲法に採り入れられた。一七八九年のフランス人権宣言――これは、一七九一年のフランス憲法の冒頭におかれた――三条の「すべて主権の淵源は、本来、国民に存する」や、一七八〇年のマサチューセッツ憲法五条の「すべての権力は、元来国民に属し、国民から発する……」などは、その例である。また、一九一九年のワイマール憲法も「国家権力はすべて国民より発する」と定め、この原理を確認する。

日本国憲法も、国民主権の原理を確立した。* それは、憲法の前文および一条に明示されている。つまり、前文一段が「日本国民は……主権が国民に存することを宣言し、この憲法を確定する」と規定し、一条が「主権の存する日本国民」とうたっているのは、そのことを示している。

ところで、「主権」という言葉は、いろいろな意味で用いられるが、** 国民主権といった場合、それは、国の政治を最終的に決定する権力ないし「憲法制定権力」をいい、それが国民に存することをいう。

この意味での主権は、明治憲法の下では、天皇にあるとされていた。つまり、明治憲法は、その一条で「大日本帝国ハ万世一系ノ天皇之ヲ統治ス」と定め、また、その四条で「天皇ハ……統治権ヲ総攬シ」と規定していたからである。ところが、日本国憲法の下では、すでに述べたように、それが国民に属することになったのである。したがって、このことは、日本国憲法が、国民主権を採用することによって、天皇主権を否定したことを意味する。

* 本書Ⅰ「憲法総説」**2**・(二)・(b)参照

** 主権（souveraineté, sovereignty）という言葉は、通常、次のようないろいろな意味に用いられる。①国政についての最高の決定権、あるいは国の政治のあり方を最終的に決定する権威の意味に用いられる。この意味での用いられ方がもっとも重要である。国民主権とか君主主権とかいう場合の主権は、この意味である。本文で述べたように、日本国憲法の前文一項および一条にいう「主権」は、この意味である。②国家権力の属性としての最高独立の意味に用いられる。これが主権という言葉の本来の意味である。すなわち、国家がこの意味の主権をもつということは、国家の権力が国内においては最高であり、国外に対しては独立である、ということを意味する。敗戦後に連合国の占領・管理下にあったわが国は、この意味の主権をもっていなかった。日本国憲法の前文三項にいう「主権」は、この意味である。③ひろく、領土と国民を支配する国家の権力そのもの、つまり、領土高権の意味に用いられる。ポツダム宣言八条に、「日本国の主権は、本州、北海道、九州及び四国並びに吾等の決定する諸小島に局限せらるべし」とあるが、ここでの主権はこの意味である。④国家の権利という意味にも用いられる。これはまた、統治権・国権などと呼ばれる。

(b) 天皇制の本質

日本国憲法をみると、明治憲法と同じく、その一条に「天皇」の章が設けられている。このことは、両憲法の天皇制が同一であることを意味するのであろうか。

天皇制を「天皇という世襲的な独任機関をみとめ、これに対して、少なくとも、国の象徴たる役割を与える政治体制」（宮沢俊義『憲法〔改訂版〕』一七八頁）と定義するとすれば、天皇制は、日本国憲法の下においても、明治憲法におけると同様に存在する。しかし、両憲法における天皇制は、原理的にも、制度的にも、根本的な違いがあるのである。
(イ) まず、明治憲法の下では、天皇の地位の根拠が神勅（天皇の先祖の意思の現われ）にあるとされていたが、日本国憲法の下では、それが国民の意思に求められるようになった。その一条に、「天皇は、日本国の象徴であり日本国民統合の象徴であつて、この地位は、主権の存する日本国民の総意に基く」とあるのは、そのことを意味する。
(ロ) つぎに、明治憲法の下では、天皇の祖先は神であり、したがって、その子孫である天皇も神格を有するとされた。天皇は「現人神」あるいは「現御神」であると考えられた。天皇が神格を有する以上、その意思や命令に対して「臣民」は絶対に服従すべきであるとされた。しかし、日本国憲法の下では、当然のことながら、天皇の神格性は完全に否定されたのである。
(ハ) さらに、明治憲法における天皇制の根幹は、その四条前段「天皇ハ国ノ元首ニシテ統治権ヲ総攬シ」にあった。「総攬」とは、天皇が一切の国家権力をその一身に集め、みずからそれを行使するという建前を意味していた。すなわち、立法権・行政権・司法権のすべてが究極的には天皇に属するのであるが、天皇がみずからそれらを行使するに際し、立法権については帝国議会が、行政権については国務各大臣が、司法権については裁判所が、その行使を助けるのである（五条・五五条・五七条）。

しかし、日本国憲法の下では、一切の国家権力は国民に属し、国民の信託により、立法権を国会が、行政権を内閣が、そして、司法権を裁判所が行使する。したがって、天皇の権能はごくわずかなものとなり、しかも、それは形式的・儀礼的・名目的なものとなった。

(二) 天皇の地位とその権能

(a) 天皇の地位

明治憲法では、神権天皇制の下に、天皇は「国の元首」であり、統治権の総攬者であるとされていた（四条）が、日本国憲法では、天皇に日本国の象徴たる地位を与えると同時に、「この地位は、主権の存する日本国民の総意に基く」とされた（一条）。つまり、現憲法は、象徴天皇制を明確にするとともに、その存廃が国民の意思に依拠していることを示しているのである。

なお、天皇が「日本国の象徴であり日本国民統合の象徴であ」る（一条）とされた意味であるが、それは、天皇が日本国または日本国民の統合という無形かつ抽象的存在を有形的・具体的に体現するものであるということを意味する、といわれる。明治憲法の下においても、天皇に対し、象徴としての役割が与えられていたのであるが、そこでは、天皇の統治権の総攬者たる地位が前面に出ていて、象徴たる地位は、その背後にかくれ、認識されることがなかった。しかし、日本国憲法では、天皇の統治権の総攬者たる地位が否定されたために、その象徴たる地位が前面に出るようになった、といわれる。

しかも、その天皇の象徴たる地位も「主権の存する日本国民の総意に基く」とされたのである。国民の「総意」については、ルソーのいうところの「一般意思」(volonté général)——普遍的合理的意思——をいうとする主張もあるが、しかし、そのように解すべき特別な根拠もないので、単に国民の意思と解すべきであろう。したがって、国民の意思を算出すべき方法としては、憲法改正の手続(九六条)によることになろう。

ところで、日本国憲法下の天皇は「元首」(head of the state)であるといえるだろうか、という問題がある。国の元首とは「対外的に国家を代表する資格を有する国家機関」をいい、通例、元首には、条約締結権や外交使節の任免権および全権委任状・信任状を発する権限などが認められている。君主国の君主や共和国大統領の多くは、この種の権限をもつので、元首であるとみなされる。明治憲法下の天皇も、明文で「国の元首」であると規定され、この種の権限をもっていた。しかし、日本国憲法下の天皇には、全権委任状・信任状の認証、批准書その他の外交文書の認証および外国の大使・公使の接受等の権限が認められるが、しかし、外交使節の任免、条約締結権、「外交関係を処理」する権限などは内閣に属するので、天皇を元首とみなすには不充分であろう。

近年、天皇に元首の地位を与えるべきだという主張がなされている。しかし、天皇に元首としての地位を与えることは、象徴としての天皇の問題ではなく、国家機関としての天皇の権能を増強することを意味する。したがって、この問題は慎重に判断されなければならない。*

＊　ところで、天皇は「君主」であろうか。
君主のメルクマールとして、①独任機関であること、②統治権の重要な部分、少なくとも行政権を有すること、③対外的に国家を代表する資格を有すること、④その地位が世襲であること、⑤その地位に伝統的権威が伴うこと、⑥国の象徴的役割を有すること、などが挙げられる。
このメルクマールを基準にして判断すると、明治憲法における天皇は明らかに君主の性格をもっていたが、日本国憲法における天皇はその性格をもっていないと解すべきであろう。後者は、行政権の持ち手ですらないからである。

(b) 皇位継承

憲法は、皇位（天皇の地位）が世襲であるとだけ定めて、世襲の内容は法律で定める、とする（二条）。皇位継承について定める法律が「皇室典範」である。

それによると、皇位継承の原因は、「天皇が崩じたとき」だけである（四条）。自発的な退位は認められていない。また、皇位継承の資格を有する者は、「皇統に属する男系の男子」である（一条）。つまり、男系男子主義がとられている。したがって、女子の天皇（女帝）は認められない。これらの点については、立法当初に議論されていたが、しかし、世襲天皇制自体が民主主義の原理とは矛盾する制度である以上、皇室典範のこのような規定が天皇の意思を尊重しない結果を生もうが、はたまた、平等の原理に反しようが、それは許されないことではない。*

＊　ところで、天皇の生前退位の問題も、女帝の問題も、かつて立法論として議論されたことがあった。それを以下紹介しよう。

まず、前者に関してであるが、天皇の生前退位を認めるべきであるとする主張の理由として、次の点が挙げられる。①歴史上、生前退位の例がかなりあり、英国でも国王の退位が認められている。②皇室典範三条では、皇嗣について、精神もしくは身体の不治の重患がある場合に、継承の順序の変更が認められているので、それとの均衡を考えれば、生前退位が認められるべきである。③天皇の意思を尊重すべきである。これに対し、天皇の生前退位を認めるべきではないとする主張の理由として、次の点が挙げられる。①過去の生前退位の例は強制退位の弊害をもたらしていた。②不治の重患があるときは、摂政（皇室典範一六条）によるべきであり、皇嗣の場合との不均衡は、即位の重大性に照らして当然である。③特殊の地位にある天皇は、特殊の制約に服すべきである。

つぎに、後者に関しては、女帝を認めるべきであるとする主張の理由として、次の点が挙げられる。①男女平等の原則が貫かれる。②男系男子主義を固守すると、皇位継承資格者が絶えてしまうおそれが生じる。③歴史上、八人の女帝が存在したし、英国・オランダなどにも、その例がみられる。④象徴としての天皇の行為は、女性としての天皇が行ってもさしつかえないものばかりである。⑤摂政について、女性の就任を認めている（皇室典範一七条）点に照らしても、女性の天皇を認めるべきである。これに対し、女帝を認めるべきでないとする主張の理由として、次の点が挙げられる。①天皇制は平等の原則の例外をなす。②男系男子主義は、わが国古来の伝統にもとづく皇位継承の例である。③わが国の場合、女帝の先例はよくなかった。④天皇の皇位に関しては、女性の公事担当能力は男性に比して劣るので、女性が行うのは無理である。⑤女帝を認めるとすれば、その配偶者について困難な問題を生じる。

(c) 天皇の権能とその限界

(イ) 天皇の権能の本質　　明治憲法の下では、天皇は統治権の総攬者であり、国家機関として強大な権能を有するものとされていたが、日本国憲法では、これを根本的に改め、天皇は、この憲法に明示された事項以外については、その権限を有しない、とされた。つまり、「天皇は、この憲法の定める国事に関する行為のみを行ひ、国政に関する権能を有しない」のである(四条)。

憲法は、「国事に関する行為」(acts in matters of states)と「国政に関する権能」(powers related to government)とを使いわけている。しかし、文字の上からすると、「国事」と「国政」との間にそれほどの意味の違いがあるとは思えないので、日本国憲法の天皇制に対する基本的な立場から判断して、両者の意味を明確にすべきであろう。

「国政に関する権能」とは、国の政治を決定し、または、それに影響を与えるような行為をいう。つまり、それは、明治憲法の下で、天皇が有するものとされていた国家の統治作用に関する諸機能のことをいう。日本国憲法は、天皇がそのような権能をもつことを禁止したのである。これに対し、「国事に関する行為」(国事行為)とは、自己の決定に基づいて行う行為ではなく、他の国家機関(内閣・内閣総理大臣または国会)の決定したことを公式に外部に表示する行為である。つまり、それは、形式的・名目的または儀礼的な行為である、ということができよう。なお、天皇の「国事行為」がこのような性質のものであるというのは、「国事に関する行為」の字義から導き出されるのではなく、憲法六条・七条に具体的に列挙されている行為から帰納的に導き出されるのである。

(ロ) 天皇の権能の限界

「天皇の国事に関するすべての行為には、内閣の助言と承認を必要」とする（三条）。すなわち、天皇は、その権能に属する国事行為を単独に行うことができず、常に内閣の意思に基づいて行わなければならないのである。七条で再度このことをうたい、六条では、それを省略している。しかし、六条に列挙されている行為についても、当然、「内閣の助言と承認」を必要とするのである。つまり、「天皇の国事に関するすべての行為」について、「内閣の助言と承認を必要」とする（三条）からである。

このように、天皇の国事行為はすべて内閣の助言と承認によって行われ、天皇の行為は、すべて内閣の行為である、ということができる。したがって、天皇の行為が違法または不当であるときは、「内閣が、その責任を負ふ」のである（三条）。この場合、天皇の行為について内閣が責任を負うというのは、内閣が天皇の責任を肩代わりするのではなく、自己の行為に対してみずから責任を負うということである。なお、この内閣の責任は、国会に対するものである（六六条三項）。

(d) **天皇の権能の種類**

憲法六条・七条は、天皇の国事行為を個別的に規定する。ここに列挙されている行為は、その性質に従って、おおむねつぎの三つのグループにわけることができよう。

(イ) 第一は、単に形式的・名目的・儀礼的性質をもった行為である。外国の大使・公使を接受すること（七条九号）および儀式を行うこと（同一〇号）が、これに属する。

(ロ) 第二は、認証行為として掲げられている行為である。認証とは、他の国家機関（内閣または内閣総理大臣)によって有効に行われた行為について、それを公に確認し証明する行為である。認証は、その行為の効力の要件ではないので、天皇の認証を要するとされる行為が認証を欠いても、その行為の効力は妨げられない。これに属するものとして、国務大臣および法律の定めるその他の官吏の任免、全権委任状および大使・公使の信任状の認証(同六号)および条約の批准書その他の外交文書の認証(同八号)がある。

(ハ) 第三は、行為の性質としては、本来、権威的なものであるが、憲法解釈上、単なる形式的・儀礼的なものとみなされる行為である。これに属するものとして、内閣総理大臣および最高裁判所長官の任命(六条)、憲法改正・法律・政令・条約の公布(七条一号)、国会の召集(同二号)、衆議院の解散(同三号)、総選挙の施行(同四号)、栄典の授与(同七号)がある。

(e) **天皇の権能の代行**

天皇が上記の国事行為をみずから行うことができない場合を予想して、憲法は二つの制度を設けている。委任の制度(四条二項)と摂政(五条)が、それである。

(イ) 国事行為の委任　天皇は、その国事行為を、法律の定めるところにより、委任することができる(四条二項)。その法律として、現在、「国事行為の臨時代行に関する法律」(法八三)がある。たとえば、天皇の海外旅行、病気その他の事故の場合(摂政をおくほどのものではない場合)に、「内閣の助言と承認により」委任が行われる。

(ロ)　摂政　摂政は、天皇の法定代理機関である。法律で定められた一定の事由があるとき、摂政がおかれる（皇室典範一六条）。摂政は、国の「象徴」とはみなされないし、国政に関する権能も有しない。摂政の代理行為には「内閣の助言と承認」を必要とする。

(f)　**天皇の国事行為以外の行為**

すでに、述べたように、天皇は、国家機関として、憲法六条・七条に規定されている国事行為を行うが、それ以外にも、公的性質をもった行為を行うことがあるといわれる。たとえば、国会の開会式での「おことば」を述べる行為、外国の元首などとの親書・親電の交換、外国への公式訪問、公的色彩をもった国内巡幸などが、それである。

「天皇は、この憲法の定める国事に関する行為のみを行」う（四条）とされていることから、天皇がこれらの行為を行うことは憲法に違反するということも考えられる。したがって、天皇はこれらの行為を行うべきではないとする意見もある。また、これらの行為は天皇の私的行為であるとする意見もある。しかし、これらの行為は法的効果を伴うものではなく、いわゆる事実行為であり、象徴としての地位に相応したものであると考えられるので、憲法がこれらの行為を禁止しているとはいえないのではないかと思われる。

㈢ 皇室経済

明治憲法の下では、皇室自律主義がとられ、皇室の財産に関しては、皇室経費の増額の場合を除くと、議会の干与が許されなかった。しかし、日本国憲法は、この皇室自律主義を廃止し、皇室経済に関しては、そのすべてを国会の全面的なコントロールの下においた（八八条・八条）。

ところで、皇室の事務に関する費用はすべて予算に計上して国庫から支出される。これは皇室費と総称されるが、さらに、内廷費・宮廷費・皇族費の三種にわけられる（皇経三条）。内廷費は、天皇・皇后その他の内廷にある皇族の日常の費用その他内廷諸費に充てるものであり、「内廷費として支出されたものは、御手元金となるものとし、宮内庁の経理に属する公金としない」（同法四条二項）。宮廷費は、「内廷諸費以外の宮廷諸費に充てるもの」（同法五条）、つまり、皇室の行う公的活動に必要な経費に充当されるものであり、宮内庁が公金として経理する。皇族費は、天皇・皇族その他の内廷にある皇族を除いた皇族に対して支出されるものである。「皇族が初めて独立の生計を営む際に一時金額により支出するもの」および「皇族が……その身分を離れる際に一時金額により支出するもの」（同法六条）からなる。

〈参考文献〉

宮沢俊義『憲法と天皇』東京大学出版会、一九六九年。

「特集・天皇制と憲法」(ジュリスト五四二号) 一九七三年。

「これからの天皇制」(法学セミナー増刊号、総合シリーズ二九)、「天皇制の現在」(法学セミナー増刊号、総合シリーズ三三) 一九八六年。

2 国会

(一) 国会の地位

日本国憲法の第四章(四一条から六四条まで)は、国会について規定している。国会は憲法上、国民の代表機関、国権の最高機関、唯一の立法機関という地位を有しているとされる。なお、国会に関するきまりの全体像を知るためには、日本国憲法のほかにも、参照すべき法律等がある。たとえば、国会全般について詳しく規定している法律として、国会法(昭和二二年法律第七九号)があり、さらに法律ではないが、議院の規則制定権(五八条二項)に基づいて、衆議院規則と参議院規則が定められている。また、実際の議会の運営に際しては、必ずしも明文化されていない、慣例やしきたりの類も作用していることを忘れてはならない。それらの習わしは、長年にわたる実務の中から、いつの間にか行われるようになり、それが定着したものなのである。

(a) 国権の最高機関

日本国憲法四一条には、「国会は、国権の最高機関であつて、国の唯一の立法機関である」と規定されているけれども、我が国では、権力分立制度を採用しているのに、どうして立法機関である国会が、行政機関（内閣）や司法機関（裁判所）をさしおいて、最高機関とされているのであろうか。三権は対等の立場ではなかったのか。それを考えるには、「最高機関」という語の意味をどのように理解するか、ということが問題となる。

それについて、有力な説では、《統括機関説》が妥当とされている。つまり、最高機関とは、多くの国家機関によって行われる国権発動について、国家全体の目的にかなうよう総合的に統括する機関のことであると捉え、その役割を担うのが国会である、という考え方である。そこで、そのような統括的な機関として、なぜ内閣や裁判所よりも国会が適当であるのか、ということを考えてみなければならない。

一般に、行政府や司法府の組織については、国会が憲法の枠内で定める法律によって具体化され、その活動についても、直接・間接に法律の根拠を必要とする。さらに、国政全般について必要な措置・政策が、現行憲法の枠内に収まらないと判断される場合には、憲法を改めるという提案を行う権能も、国会には認められている。

また国会は、主権者である国民の中から、選挙で選ばれた議員によって構成されているが、これに対し、行政の各部署で働く公務員や、司法を担当する裁判所の裁判官は、直接国民から選ばれた人々ではない。それらの諸点を考え合わせた上で、国会が最高機関であるという規定は、単なる政治的な美辞麗句にとどまるものではなく、法的な意義をもつものであるという見方も出されている。

(b)　**国の唯一の立法機関**

国会は、国の唯一の立法機関であると規定されている。立法を広い意味に理解すれば、規則を定めることであり、会社や学校など、私たちに身近な集団・組織においても、さまざまな規則が作られているが、国家としての立法とは、学問的に言うと、法規の定立であるとされる。法規という語も、さまざまな意味において用いられているが、国民の権利・義務を定める規範と、国家と機関の関係を規律する規範を含むと通常理解されている。

大日本帝国憲法では、緊急勅令(旧憲八条)や独立命令(旧憲九条)という制度があり、帝国議会以外にも、天皇が国の立法を行うことができたが、日本国憲法においては、国の立法権は国会が独占する。これを国会中心立法の原則という。また同じく大日本帝国憲法では、天皇が帝国議会の協賛を得て立法権を行うことになっていた(旧憲五条)が、日本国憲法においては、国の立法に国会以外の国家機関が関与することは認められない。これを国会単独立法の原則という。なお、これらの原則には、いくつかの例外があることに注意されたい。

ところで現在では、国会で成立する法律の大部分が、国会議員の発案ではなく、内閣提案によるものであり、また法律の施行にあたっても、具体的なことがらは、行政機関が定める規則に委ねるのが当たり前となっている。要するに、行政機関に属する人々が、実質的に立法の中身を決定しているといっても過言ではない状況である。よって日本国憲法の四一条は、もはや空文化しているという見方をする人もいる。

このような状況が生じた理由については、いろいろな説明が可能であろう。それはともかく、一般に規範と現実が完璧に一致することは、まれであるにしても、憲法上の建前と、憲法上の現実とが、あまりにかけはなれてくると、憲法の規範としての統制力が著しく弱体化することになり、憲法典の存在意義それ自体が、疑問視されるに至るかもしれない。

(二) 国会の構成と活動

(a) 二院制

日本国憲法に、「国会は、衆議院及び参議院の両議院でこれを構成する」(四二条)と規定されているとおり、日本では、二院制(両院制とも言う)が採用されている。二院制とは、議会がそれぞれ独立して意思決定を行う二つの議院によって構成されるしくみをいう。二院制は歴史的にみると、中世イギリスにおける特別な政治状況から、うまれてきたものであるが、理論的には、それぞれ異なった組織原理を持つ第一院と第二院を設けることによって、議会における抑制・均衡をはかることをねらいとするものである。

日本国憲法の最初の原案であった「マッカーサー草案」においては、二院制ではなく一院制が規定されていたが、その後の審議の過程で、衆議院と参議院の二院制を採用するように変更されたのである。ちなみに、大日本帝国憲法では、「帝国議会ハ貴族院衆議院ノ両院ヲ以テ成立ス」(旧憲三三条)として、二院制が採用されていた。

大日本帝国憲法における二院制は「対等型」であるが、日本国憲法における二院制は、「非対等型」である。すなわち衆議院の優越である。衆議院の優越には、議決の効力面の優越と、権限事項の優越という二つの側面がある。前者には、立法・予算の議決(五九条二項、同条四項、六〇条一項)、条約締結の承認(六一条)、内閣総理大臣の指名(六七条二項)があり、後者には、予算先議権(六〇条一項)、内閣不信任決議権(六九条)がある。ただし、憲法改正の発議は両議院対等である(九六条)。

ところで、以前から〝参議院は衆議院のコピー〟などと陰口をたたかれていたところへ、いわゆる政治改革の名の下に選挙制度が変更された結果、衆議院議員を選出する制度と、参議院議員を選出する制度が、似たようなものとなったことも手伝って、参議院の存在意義それ自体に、疑問が投げかけられることもある。もしそのような現状が続くならば、いったいなんのための二院制なのか、根本的に再検討することも必要になるであろう。

(b) 議院の組織

国会の「両議院は、全国民を代表する選挙された議員でこれを組織する」(四三条一項)。議員の定数は法律で定めることになっており(同条二項)、そのための法律が、公職選挙法(昭和二五年法律第一〇〇号)である。また、議院の内部は、大まかにいうと、議長その他の役員、委員会、付属機関という構成になっている。付属機関には、各議院の事務局と法制局、および国立国会図書館がある。なお、大日本帝国憲法における帝国議会と異なり、今の国会は委員会中心主義を原則としているが、これは占領軍の指示と指導によるものであったとされる。委員会の種類は、常任委員会と特別委員会の二種である(国会四〇条)。

(c) 国会の活動

国会は、一定の限られた期間において、憲法上の権能を行使する。この期間を会期という。日本国憲法では、国会の会期として、常会(五二条)、臨時会(五三条)、特別会(五四条)を定めている。ほかに、衆議院の解散中に、国に緊急の必要があるときは、内閣が参議院の緊急集会を求めることができる(五四条二項三項)。

常会は毎年一回定期に召集される会、臨時会は臨時の必要に応じて召集される会、特別会は衆議院が解散され総選挙が行われたのち、その選挙の日から三〇日以内に召集される会である。会期中に議決されなかった案件は、後の会に継続しないことになっている（国会・六八条）。これを会期不継続の原則という。

会議の原則として、両議院の定足数は各々その総議員の三分の一であり、表決数は原則として出席議員の過半数である（五六条）。会議は公開であるが、出席議員の三分の二以上の多数で議決したときは、秘密会を開くことができる（五七条）。

＊ 国会改革の動向

平成一一年の第一四五国会で、今後の国会の活動に影響を与えると思われる二つの法律が成立した。憲法調査会の設置に関する国会法の改正と、国会審議の活性化及び政治主導の政策決定システムの確立に関する法律（いわゆる国会活性化法）である。前者によって創設された憲法調査会は、平成一二年の第一四七国会に発足した。後者は、国家基本政策委員会を常任委員会として設置し、それまでの政府委員の廃止、副大臣等の設置といった措置をとることとしている。今後の活動に注目したい。

(三) 議員定数不均衡と政党の問題

(a) 議員定数不均衡の問題

議員の選挙に関連して、いわゆる議員定数不均衡の問題がある。議員一人あたりの有権者数が、選挙区によって数倍もの開きがでてくれば、これは憲法が保障する法の下の平等に反する、と考える人々がでてきてもおかしくはない。すなわち、議員定数不均衡の合憲性については、日本国憲法一四条（法の下の平等）に関する重要な論点になる。実際に、選挙の無効の確認や、やり直しを求めて、しばしば訴訟が提起されてきた。問題のひとつは、いったいどの程度の格差であれば、憲法上許容されるのかということであった。要するにどこまで我慢すればよいのか、ということである。判例では、さまざまなケースがあるけれども、一人一票という原則を貫くとすれば、最大一対二までが限界である、というのが常識的な感覚であろう。

そもそも定数配分について、責任を持っているのは、国会である。国会が、投票価値に不均衡が生じないように、こまめに選挙制度を是正すればよいのであるけれども、それがなされなかったときに、どういうことができるのか、ということも問題である。たとえ裁判で違憲判決がでたとしても、それによって、適切な立法措置や行政措置が、自動的に実行されるわけではないからである。国民の意見や利害を、公正にまた効果的に国会に反映させることができなければ、国権の最高機関としての資格に、大きな疑問符が付くことにもなりかねない。

(b) 政党をめぐる問題

今日、議員の大多数は、いずれかの政党に所属しており、組織からの拘束を受け、議会における活動も制約されている。党としての決定に従わない議員の処分が話題となった（いわゆる党議拘束違反）のも、記憶に新しいところであるし、最近では、政党の離合集散が一段と目まぐるしい。

選挙においても、衆議院と参議院の比例代表選出議員の投票では、政党を選択することもあるし、政党助成法（平成六年法律第五号）によって、法律の定める要件を満たした政党には、国から政党交付金による助成が行われることになった。日本国憲法には、政党に関する明文の規定は存在しないにもかかわらず、現実には、このように政党はきわめて重要な役割を果たしている。憲法と、政党政治の関係についても、あらためて考えてみる必要がある。

(四) 主な国会の権能

(a) 憲法改正の発議・提案権

「この憲法の改正は、各議院の総議員の三分の二以上の賛成で、国会が、これを発議し、国民に提案してその承認を経なければならない」（九六条一項）とある通り、憲法改正の発議・提案権は、国会の重要な権能である。この場合の総議員とは、現在議員のことであると解されている。憲法改正の承認には、「特別の国民投票又は国会の定める選挙の際行はれる投票において、その過半数の賛成を必要とする」（九六条一項）のだが、その賛否を問う特別の国民投票（または投票）の具体的な方法については、未だにはっきりしたきまりがない。また国会における憲法改正の発議・提案に至るまでの手順も含め、憲法改正のための手続全体が、充分に整備されているとは言い難い状況である。

周知のように、日本国憲法は、公布以来、その文言自体は一度も変更されていないのであるが、文言は変わらなくても、その解釈は変更し得るし、実際に変化してきた。ただし解釈には、理性的あるいは常識的に許容できる限界があると思われる。また、憲法の文言やその意味内容の解釈はともかく、日本という国家の事実上の基本的なありさま（現実）は、大きく変貌してきた部分があるといえる。

なお、憲法改正に限界があるのかどうか、つまり、定められた改正手続をふめば、どのような改正も可能なのか、ということが問題になりうる。これについては、改正には何らかの限界があるというのが、一般的な考えである。ただし、どのような改正が認められないか、ということについては、意見の相違がある。さらに、革命や戦争などによって、現行憲法が事実上停止あるいは廃止されるような事態もありうるが、これはもはや改正という性質を超えている。

(b) 立法権

先に触れたとおり、三権分立の原則によって、国会は立法権を担当する（四一条）。立法のおおよその手順は、①法律案の提出、②審議、③議決、④署名と公布、というながれになる。国会議員が、法律案の提出ができるのは当たり前であるけれども、国会法によると、議案を発議するには、定められた数以上の賛成者を必要とする（国会五六条）。問題は、国会が唯一の立法機関とされていることから、内閣が法律案の提出権をもつかどうかであるが、これについては、肯定的に考えられている。法律案の提出は、立法行為そのものではなく、また「内閣総理大臣は、内閣を代表して議案を国会に提出し、……」（七二条）という条文の「議案」に、法律案も含まれるというのが、その理由の一つとしてあげられる。現在では、数量的にも内容的にも、内閣提案の法律案が主力であることは、先に述べたとおりである。

提出された法律案は、議長がまず適当な委員会に付託し、その審査を経て会議にかけられるのが原則である（国会五六条二項）。これは委員会中心主義をとっているためである。本会議での審議は、現実には形式的なものとなる傾向が強いので、実質的な審議はむしろ委員会で行われていると言ってよい。

(c) 条約締結の承認権

条約の締結は、内閣の職務の一つであるが、「事前に、時宜によつては事後に、国会の承認を経ることを必要とする」（七三条三号）。条約には、国会の承認を経るべきものと、そうでないものとがあるとされる。一九七四年の政府見解によると、前者には、①いわゆる法律事項を含む国際約束、②いわゆる財政事項を含む国際約束、③政治的に重要な国際約束であって、発効のために批准が要件とされているもの、があり、後者には、①すでに国会の承認を経た条約の範囲内で実施しうる国際約束、②すでに国会の議決を経た予算の範囲内で実施しうる国際約束、③国内法の範囲内で実施しうる国際約束、がある。

(d) 内閣総理大臣の指名権

「内閣総理大臣は、国会議員の中から国会の議決で、これを指名する」（六七条一項）。わが国の統治機構の特徴の一つは、議院内閣制であるが、この内閣総理大臣指名権と衆議院の内閣不信任決議権（憲六九条）は、議院内閣制を支える柱である。

(e)　**弾劾裁判所の設置権**

司法権の独立を守るために、裁判官の身分は保障され、公の弾劾によらなければ罷免されない（七八条）が、その弾劾を行うのが、国会に設置される弾劾裁判所である。公務員の選定・罷免権は国民にある（一五条一項）ので、国民の代表者によって構成される国会に、弾劾裁判所の設置権が与えられているのである。また弾劾裁判制度は、三権分立のしくみにおいて、立法権による司法権へのチェック機能も果たしている。

弾劾裁判所に関する憲法の規定は、「①国会は、罷免の訴追を受けた裁判官を裁判するため、両議院の議員で組織する弾劾裁判所を設ける。②弾劾に関する事項は、法律でこれを定める」（六四条）となっており、これを受けて国会法と裁判官弾劾法が、弾劾裁判所について、具体的な事項を定めている。

(f)　**財政を統制する権限**

(イ)　財政議会中心主義　　国家の活動には、財政の裏付けがなければならない。国政の基本は、財源をどのように調達し、それをいかなる活動に用いるのか、ということである。近代立憲主義の基本的な考え方の一つは、税金を徴収される国民が、その使い道についてもコントロールする、ということである。そのために、財政は国民の代表者が集まる議会の統制に服するべきであるという原則が、確立してきたのである。これを財政議会中心主義または財政立憲主義という。

大日本帝国憲法でも、「国家ノ歳出歳入ハ毎年予算ヲ以テ帝国議会ノ協賛ヲ経ヘシ」（旧憲六四条一項）

という条文があったが、日本国憲法では、「国の財政を処理する権限は、国会の議決に基いて、これを行使しなければならない」（八三条）と規定し、第七章を「財政」という章にあてている（八三条から九一条まで）。

(ロ) 租税法律主義　租税とは、国や地方公共団体が、必要な経費を支出するために、国民から強制的に無償で徴収する金銭のことである。国民には納税の義務があるが（三〇条）、自分が稼いだ金の一部をなぜ国家に提供しなければならないのか、という根本的な疑問に答えるのは容易ではない。税とは歴史的にみると、権力者がその力にものをいわせて、被支配者から無理矢理収奪していたという側面も否定できないであろう。しかし現在においては、個人の生存・安全に必要な国家という機構を維持するために必要なコスト（分担金）であるという捉え方もできる。

税の本質如何、といった難問はさておき、憲法は「あらたに租税を課し、又は現行の租税を変更するには、法律又は法律の定める条件によることを必要とする」（八四条）という租税法律主義を掲げている。財政法では、租税のほかにも、「国が国権に基いて収納する課徴金及び法律上又は事実上国の独占に属する事業における専売価格若しくは事業料金については、すべて法律又は国会の議決に基いて定めなければならない」（財三条）としている（ただし特例あり）。

税金の徴収は、法律に基づかなければならないということは、要するに、税金を納めるにあたっては、納税する側の納得と同意が必要であるということである。法律は、国会が制定するのであり、国会が決めるということは、自分たちで自分たちのことを決めるという擬制（フィクション）が、一応成り立つからである。もっとも、このような擬制は、あくまでも理論上の話にとどまり、実感として広く支持されているとみなすには、疑問の余地があるだろう。

(ハ) 国費の支出と国の債務負担　「国費を支出し、又は国が債務を負担するには、国会の議決に基くことを必要とする」（八五条）。国費の支出とは、具体的には予算と解されている。この点に関連して、公金支出の禁止が問題となる。「公金その他の公の財産は、宗教上の組織若しくは団体の使用、便益若しくは維持のため、又は公の支配に属しない慈善、教育若しくは博愛の事業に対し、これを支出し、又はその利用に供してはならない」（八九条）というのが、その規定である。もともとこの規定は、人々の自主的で自由な事業・活動に、公権力が介入することを阻止するという、アメリカ的発想で設けられたと考えられる。金を出すのとひきかえに、口も手も出してくるのが、世の習いだからである。

宗教団体に対する公金支出については、信教の自由・政教分離原則（二〇条）の問題とも絡んで、常々話題になるところであるが、この条文を素直に解釈すると、私立学校への助成金や、民間の福祉事業に対する援助も許されないということになり、教育や福祉の現場にとっては、深刻な問題である。

(ニ) 予算　「内閣は、毎会計年度の予算を作成し、国会に提出して、その審議を受け議決を経なければならない」（八六条）。このように、予算の作成・提出権は内閣にあるが、予算の法的性質についての学説には、予算行政説（承認説）、予算法形式説、予算法律説などがある。現実に問題となるのは、予算が成立していながら、その支出のための法律が整っていない場合と、逆に法律は成立しているが、それを執行するための予算が欠けている場合であろう。

毎年暮れになると、翌年四月からの新年度予算の原案ができあがり、新聞やテレビでも報道される。一月に召集される国会の常会（通常国会）では、内閣から正式に提出された予算案の審議がメインとなる。膨大かつ複雑な国家予算を、国会が充分統制しているといえるのか、税金の有意義な使い道についての充分なコンセンサスが得られているのか、改めて見直す必要があるかもしれない（なお財政については、本書Ⅲ—5も参照）。

㈤ 議院の権能

(a) 自律権

衆議院と参議院の各議院は、それぞれ独立して審議・議決を行う機関であるから、自律権を持っている。具体的な権能としては、議院役員選任権（五八条一項）、議員の資格に関する争訟の裁判権（五五条）、議員の逮捕の許諾及び釈放要求権（五〇条）、議員の辞職の許可（国会一〇七条）、議院規則制定権（五八条二項）、議員懲罰権（同項）、議長の秩序保持権（国会一一四条ほか）、財務自律権（国会三二条）などがある。

(b) 国政調査権

議院がその職務を効果的に遂行するためには、何よりも正確な情報に依拠することが欠かせない。そこで重要なのは、国政調査権である。「両議院は、各々国政に関する調査を行ひ、これに関して、証人の出頭及び証言並びに記録の提出を要求することができる」(六二条)というのが、その根拠となる規定である。これに関連して、議院における証人の宣誓及び証言等に関する法律(昭和二二年法律第二二五号)がある。その法律では、正当な理由なしに証人が出頭しない等の場合には、処罰されることになっている(議院証言七条)。

ところで、国政調査権の性質については、独立権能説と補助的権能説が主張されている。前者によると、国政調査権は、国会の最高機関性に基づき、立法権や財政と同様の権能とみなされる。後者によると、国政調査権は、憲法上の権能を有効に行使するための補助的な情報収集手段とみなされる。いずれにしても、調査権が国政全般に及ぶことは認められており、また、国民の基本的人権を侵すような調査が否定されることは、もちろんである。つまり、国政調査権には、司法権、検察権、一般行政権、人権などとの関係において、その及ぶ範囲と限界があり、調査の対象と方法にも制約がある。

国会の証人喚問といえば、政治家の汚職がらみのケースがすっかりおなじみであるが、国民に対して、適切な政治的判断のために必要な情報を提供する、という視点から国政調査権を捉え直すことができるかもしれない。

㈥ 議員の特権

国会議員は、単なる選挙区の利益代表ではなく、全国民の代表として、なにが国民全体のためになるのか、という観点から判断・行動するべき地位にある。その職責を果たすことが妨げられないように、議員には憲法上、不逮捕特権、免責特権、歳費受領権という三つの特権が認められている。

(a) 不逮捕特権

「両議院の議員は、法律の定める場合を除いては、国会の会期中逮捕されず、会期前に逮捕された議員は、その議院の要求があれば、会期中これを釈放しなければならない」(五〇条)。不逮捕特権の保障の目的は、議員の身体の自由を保障し、政府の権力によって議員の職務の執行が妨げられないようにすること、及び議院の審議権を確保することであると説かれる。

(b) 免責特権

「両議院の議員は、議院で行った演説、討論又は表決について、院外で責任を問はれない」(五一条)。なお、国会議員が、議院で行った発言が、故意または過失により、個人のプライバシーを侵害する場合、国会議員は、憲法五一条の免責特権を受けるか否かにかかわらず、私人に対して責任を負わないし、また国も原則として私人に対する責任を負わない、という判例がある(最判平九・九・九民集五一・八・三八五〇)。

(c) 歳費受領権

「両議院の議員は、法律の定めるところにより、国庫から相当額の歳費を受ける」(四九条)。

議員が、一般国民にはないこのような特権を享受していることについて、現在ではいささか違和感がないこともないが、議員の特権が認められた歴史的な経験というものを勘案してみる必要がある。近代議会制デモクラシーの揺籃期においては、議員が法律の埒外にあって、まさに特権的な地位を保持していたという面も考えられるが、むしろ、議会制度が不安定な段階にあっては、政府や時の権力者にとって目障りな議員が、さまざまな難癖をつけられて身体を拘束され、自由な議会活動を封じられたことが少なくなかった。また、議会における発言が、議会の外で咎められることも、珍しくなかった。さらに、議員に対して不当な圧力がかけられることも、日常茶飯事である。議員活動は、さまざまな障害にさらされていたのであって、それらの障害を徐々に取り除く努力の積み重ねによって、議会制度が安定してきたのである。

とはいうものの、今日では、状況が相当変化してきており、議員の特権の規定は、歴史の名残という趣も持ち合わせるようになったと言えるのではないか。議員の特権のあり方についても、そのメリット・デメリットを的確に評価したうえで、必要であれば合理的な見直しをすべき時期に来ているのかもしれない。

〈参考文献〉

佐藤幸治『憲法〈第三版〉』青林書院、一九九五年。

芦部信喜『憲法〈第三版〉』岩波書店、二〇〇二年。

大山礼子『国会学入門〈第二版〉』三省堂、二〇〇三年。

国会法規研究会「国会に関する法規」『時の法令』No.一四七五~No.一六八九（平成六年六月一五日号~平成一五年五月一五日号）。

『ジュリスト（特集・国会の役割と改革の行方）』No.一一七七（二〇〇〇年五月一―一五日合併号）。
※なおインターネット上で、国会の議事録を検索し読むことができる。http://kokkai.ndl.go.jp/

3 内閣

日本国憲法の第五章（六五条から七五条まで）は、内閣について規定しているが、内閣についても国会と同様、日本国憲法のほかに参照すべき法律等がある。例として、内閣法、内閣府設置法、国家行政組織法をあげておこう。

(一) 行政の概念と行政権の帰属

(a) 行政の概念

行政という概念は、権力分立論によって、立法・司法と並んで確立されてきたものであるが、その定義は、簡単ではない。すなわち、立法とは国民の権利義務に関係のある一般的・抽象的法規範を定立する作用であり、司法とはその法規範を、具体的な事件に適用して紛争を解決したり、あるいは犯罪者に刑罰を科する作用である。

それに対して、行政の対象とする範囲と内容は広範で、複雑多岐にわたっており、この作用を明確に定義することは難しいが、大別して消極説（控除説）と積極説がある。

消極説（控除説）は、行政とは、「国家作用から立法と司法を除いた作用」であるとする。この説に対しては、行政の歴史的発展過程に対応するものではあるが、この定義は行政の本質を何ら明らかにするものではなく、また新しいさまざまな作用が行政に包摂されることになり、行政国家を肥大化させることになる、との批判がある。

そこで現代行政の実態に即して、積極的に定義づけようとする学説（積極説）も有力である。たとえば田中二郎教授の「近代的行政は、法の下に法の規制を受けながら、現実具体的に国家目的の実現を目指して行われる全体として統一性をもった継続的な形成的国家活動」という定義が有名である。

しかし行政を積極的に定義づけようとする学説に対しては、その意図は理解できるにしても、それで行政作用のすべてを包含しているのかという疑問があり、また、行政を積極的に評価することによって、行政権の優位を導きかねないとの批判がある。現在のところ、どちらかといえば控除説が通説といってよいであろう。いずれにせよ、行政が如何なる機関によって、どのように行われているかということが重要である。

(b) 行政権の帰属と独立行政委員会

(イ) 行政権の帰属　憲法は、「行政権は、内閣に属する」（憲六五条）と規定し、行政権の帰属を明らかにしている。しかし、このことは、立法権と司法権がそれぞれ国会と裁判所に属するという場合と違って、内閣が行政事務のすべてを直接みずから行う事を意味するものではない。すなわち、内閣のもとに行政各部の機関を設け、内閣は、みずからの一般行政を行うとともに、行政各部を指揮監督し、行政機関の全体を統括し、その活動について責任を負う立場にある。

(ロ) 独立行政委員会　行政権の帰属に関して問題となるのは、行政委員会の制度である。行政委員会は、一定の行政分野につき内閣から多かれ少なかれ独立して職権を行使する合議制の行政機関である。これは戦後改革の一環として、アメリカの制度をモデルとして日本に導入されたものといわれる。例として、人事院、公正取引委員会、国家公安委員会などがあげられる。

行政委員会の設置理由は、各行政委員会ごとに示されている。政治的中立性の確保（国家公安委員会）、技術的専門的知識の必要性（司法試験管理委員会）、対立する利害の調整の必要性（中央労働委員会）、慎重な判断の必要性（公正取引委員会）などがそれである。

これらの機関は、その権能や組織形態等それぞれ異なるが、一般的に委員の身分保障がなされており、独立して権限を行使することになっている。このような特色を持つ行政委員会の存在が、「行政権は内閣に属する」という憲法上の原則に反しないかどうかが問題とされるが、学説の多数は合憲説をとっている。要するに行政委員会の合憲性は、「制度の沿革、作用の中立性、非政治性、民主的コントロールの方法、行政権との関係などを総合的に考えて判断しなければならない」（芦部信喜『憲法』）ということであろう。*

* 人事院の設置を是認する次のような判例がある。「（憲法）四一条が、国会は唯一の立法機関である旨規定し、同法七六条が、すべて司法権は裁判所に属する旨規定するのに対し、同法六五条が単に行政権は、内閣に属すると規定して、立法権や司法権の場合のように限定的な定め方をしていないことに徴すれば、行政権については憲法自身の規定によらなくても法律の定めるところにより内閣以外の機関にこれを行わせることを憲法が容認していると解せられ、今日のような国家機関の複雑さに鑑みるときは、かく解することが正当である」（福井地判昭二七・九・六行集三・九・一八二三）。

(二) 議院内閣制

(a) 大統領制と内閣制

行政権の作用は、国民の生活に直接影響する。したがって、どのような機関や人々が行政権を担当するかということは、重大な問題である。いかなる機関に行政権を帰属させるかという方式には、大別して、大統領制と内閣制がある。

(イ) 大統領制　アメリカは大統領制を採用する代表的な国で、行政権を独任機関である大統領に帰属させている。行政権の帰属する大統領と立法権をもつ議会は、両者とも国民によって選出されるので、国民の信任に基づいているという点で、対等、独立なものである。議会による大統領不信任決議や、それに対抗する大統領の議会解散権もない。閣僚も議員でない者の中から大統領が選任する反面、大統領・閣僚その他の行政府の職員は議会に出頭して、発言する権限を認められず、法案提出権もない。他方議会は、独自に法案を審議・議決し、政府に対して質問することができない。

(ロ) 内閣制　これに対し内閣制とは、大臣で構成される合議制の内閣が、行政上の意思決定を行う制度である。内閣制には、超然内閣制と議院内閣制がある。超然内閣制とは、内閣が議会から独立し、議会に責任を負わない内閣制である。大日本帝国憲法はこの例に当たる。すなわち、天皇は統治権の総攬者であり(旧憲四条)、各国務大臣は、天皇に対して個別的に責任を負う(旧憲五五条一項)だけで、内閣が議会に対して責任を負うというわけではなかった。

(b) **議院内閣制の特質**

議院内閣制は、議会と内閣を密接な関係に置く制度である。ただしあくまでも議会(立法)と政府(行政)が、一応分離していることが議院内閣制の要素である。すなわち、権力分立を前提にしながら、議会(特に下院)と政府の共働を認め、内閣の存立を議会の信任に基づいて構成するものである。したがって、政党政治の影響を受け、議会の第一党(あるいは多数派)が内閣を構成することになる。議院内閣制はイギリスで生まれ、現在では、大統領制と並び多数の国で行われている。

歴史的に見ると、もともと議院内閣制は立憲君主制の下において、君主と議会との権力の均衡をねらって成立してきた政治形態であるとみることができるが、今日では議院内閣制の特質として、第一に内閣が議会に対して政治責任を負うこと、第二に内閣の構成員である大臣が議会議員であること、第三に内閣と議会が相互に均衡抑制の関係にあること、があげられている。

(c) **日本国憲法上の議院内閣制**

日本国憲法には、議院内閣制という明文の用語はないけれども、前に述べたような特質を含む詳細な規定をおいている(六六条から七二条参照)。すなわち、内閣は行政権の行使について国会に対し、連帯して責任を負う。内閣の首長たる内閣総理大臣は、国会議員の中から国会によって指名され、また、国務大臣の過半数は、国会議員の中から選ばれなければならない。衆議院で、内閣不信任案が可決又は信任案が否決されたときは、衆議院が解散されない限り、内閣は総辞職しなければならない。内閣は、衆議院を解散し、国民に信を問うことができるが、総選挙後の初めての国会召集の時には、総辞職しなければならない。その他、国務大臣の議院における出席の権利や、義務についても定められている(六三条)。

(三) 内閣の組織および運営

(a) **内閣の組織**

内閣は、法律の定めるところにより、その首長たる内閣総理大臣およびその他の国務大臣で組織される（六六条一項）。内閣法によると、内閣は首長たる総理大臣および内閣総理大臣によって任命された国務大臣によって組織される。国務大臣の数は一四人以内であるが、特別の場合は、三人を限度に増加し、一七人以内とすることができる（内閣二条二項）。

各大臣は、内閣の構成員であると同時に、各省大臣としてそれぞれの行政事務を分担管理しているが（内閣三条一項）、行政事務を分担管理しない大臣をおくこともできる（内閣三条二項）。いわゆる無任所大臣である。

内閣総理大臣は、国会議員のなかから国会の議決で指名され、これに基いて天皇が任命する（六七条一項、六条一項）。その他の国務大臣は、内閣総理大臣が任命し、天皇が認証する（六八条一項、七条五号）。ただし、国務大臣の過半数は、国会議員でなければならない（六八条一項）。このように内閣は、内閣総理大臣および国務大臣からなる合議体の機関である。

＊　中央省庁等改革基本法（平成一〇年法律第一〇三号）をうけて、平成一一年七月一六日に、中央省庁等改革関連の法律が一挙に一七本公布された。内閣をはじめ、従来の国家行政組織がかなり変更されているので、新旧制度の相違に注意しなければならない。たとえば、従来設置されていた省庁の再編成・統合などの措置とともに、内閣機能強化の一環として、内閣総理大臣を長とする行政機関として新たに内閣府が設けられた。また内閣法の改正には、次のような内容が盛り込まれている。①国民主権理念の明確化、②国務大臣の数の見直し、③内閣総理大臣の発議権の明確化、④内閣官房の企画立案機能の明確化、⑤内閣官房副長官の認証官化、⑥内閣官房組織の見直し（内閣官房副長官補等の新設など）、⑦内閣総理大臣補佐官等の定数の在り方の弾力化。

行政改革の必要性についてはかなり以前から論じられてきたが、今回の大幅な組織機構改革の直接の背景は、平成八年に発足した行政改革会議の最終報告であるといわれる（『時の法令』№一六〇五＝平成一一年一一月一五日号）。新制度がどのように展開してゆくか注視したい。

(b) 内閣の統括下の行政組織

行政権の行使については、最終的には内閣が責任を負うが、内閣が行政のすべてを行うことは不可能である。国家行政組織法には、「国家行政組織は、内閣の統括の下に、内閣府の組織とともに、任務及びこれを達成するため必要となる明確な範囲の所掌事務を有する行政機関の全体によつて、系統的に構成されなければならない」（行組二条一項）という規定がある。また行政組織のため置かれる国の行政機関は、省、委員会及び庁とされている（行組三条二項）。

(c) 文　民

憲法は、内閣総理大臣その他の国務大臣は文民でなければならないと定めている（六六条二項）。いわゆる文民統制（シビリアンコントロール）原則である。この「文民」規定は、連合国軍総司令部の要望により、貴族院の修正段階で挿入されたものであるが、文民の意味をめぐって以下のような諸説がある。①現在軍人でない者、②職業軍人の経歴を有しない者、③強い軍国思想の持ち主でない者。日本国憲法においては、第九条で、「陸海空軍その他の戦力はこれを保持しない」と定めているので、軍人という存在が予定されていないものと理解される。そのため①は成り立たないのであるが、現実には自衛隊が存在するので、この規定は自衛官にも及ぶと解釈し、現在軍人でない者とこれまで軍人であったことのない者と解するのが通説である。政府は③の見解をとっているが、現職の自衛官は文民ではないと解している。

(d) 内閣の運営

内閣は合議制機関であり、その意思決定は会議によらなければならないが、この会議を閣議という。内閣法は、「内閣がその職権を行うのは、閣議によるものとする」(内閣四条一項)と定めている。閣議は、内閣総理大臣が主宰する(内閣四条二項)。各大臣は、案件の如何を問わず、内閣総理大臣に提出して閣議を求めることができる(内閣四条三項)。閣議には、定例閣議、臨時閣議、いわゆるもちまわり閣議がある。もちまわり閣議とは、緊急を要しかつ比較的軽微な事項について、会議を開かずに個別に意思を確認してゆく方法である。

閣議の議事及び意思決定方法については、憲法及び法律に明文の規定はなく、内閣の自律に委ねられ、大部分が慣行によっている。定足数については、閣僚全員が出席することが建前とされ、内閣の意思決定方法については、全員一致によることとされている。その根拠は、憲法六六条三項の規定する連帯責任制にある。連帯責任をとる前提として全員一致が必要と解されるからである。したがって全員の意見が一致しない場合には、その決定にあくまでも反対する大臣が辞任するか、内閣総理大臣が、憲法六八条により罷免することになる。なお閣議は非公開とされ、閣議の出席者には、審議内容の秘密保持が求められている。

このような閣議の性格から、閣議のあり方については、司法審査が及ばないものと解されている（後述司法権の限界参照）。衆議院の解散の効力が争われた苫米地訴訟では、解散の決定が総理大臣他数人の閣僚のみでなされ、閣議決定がなかったという点が問題になったが、第一審判決は、天皇に対する助言について、適法な閣議決定があったとはいえないとした（東京地判昭二八・一〇・一九行集四・一〇・二五四〇）。これに対し、最高裁判所は、衆議院の解散は、「極めて政治性の高い国家統治の基本に関する行為」であることを理由に、その法律上の有効・無効を審査することはできないと判示した（最㈹判昭三五・六・八民集一四・七・一二〇六）。

㈣ 内閣の権能と責任

内閣は、ひろく行政権を担当するが、内閣法一条によると、内閣は、国民主権の理念にのっとり、日本国憲法七三条その他日本国憲法に定める職権を行うことになっている。次に、憲法七三条に定める事務と、七三条以外の条文に定める事務をあげておく。

(a) 憲法七三条に定める事務

憲法七三条は、「内閣は、他の一般行政事務の外、左の事務を行ふ」として、次のような事務を列挙している。

(イ) 法律の誠実な執行と国務の総理（一号）　行政権を担当する内閣が、法律に従い、法律を誠実に執行することは、法治主義の当然の原則であり、最も重要なものである。内閣が違憲の疑いのある法律を無視することができるかという問題があるが、裁判所による違憲判断がない限り、その法律の執行を拒否できないと解されている。国務の総理とは、行政機関として行政事務を統括し、行政各部を指揮監督することを意味する。

(ロ) 外交関係の処理(二号)　ここでいう外交関係とは、条約の締結について定めた七三条三号以外の全ての外交事務を指すと解されている。たとえば、外交交渉、外交使節の任免、外交文書の作成、外国の外交使節にアグレマンを与える行為などがある。憲法七条の天皇の国事行為にかかわるものがあるが、天皇は認証などの形で外交事務に関するのみで、実質上国を代表するのは内閣である。

(ハ) 条約の締結(三号)　ここで条約とは、条約・協定・協約・議定書など名称に関わりなく広く文書による国家間の合意を意味する。条約の締結は事前に時宜によっては事後に国会の承認を経なければならない(国会の権能も参照)。ただし、すでに国会で承認された条約を受けて、その実施のために相手方行政府との間で締結される行政協定は、当該条約の責任の範囲内であれば、改めて国会の承認を必要としない(最(大)判昭三四・一二・一六刑集一三・一三・三二二五(砂川事件))。

(ニ) 官吏に関する事務の掌理(四号)　官吏とは明治時代に用いられた言葉で、現在では公務員のことである。明治憲法の下では、官吏は天皇の官吏であり、天皇は行政各部の官制や文武官の俸給を定め、文武官を任免していたが(旧憲一〇条)、日本国憲法では、公務員は全体の奉仕者であり(一五条二項）、官吏に関する事務は、法律の定める基準に従い、内閣が掌理するとした。その基準を定めている法律が国家公務員法である。

(ホ)　予算の作成と国会への提出（五号）　予算の編成権は内閣にあり、内閣は毎会計年度の予算を作成し国会へ提出しその審議を受け、議決を経なければならない（憲八六条）。

(ヘ)　政令の制定（六号）　内閣は憲法及び法律を実施するために、政令を制定することができる。政令とは、内閣の制定する命令であり、憲法四一条の定める「国会は唯一の立法機関」の例外である。政令には、特に法律の委任がある場合を除いては、罰則を設けることができない。法律の委任を受けた政令が、その委任内容をさらに他の命令に委任することも許される（最(大)判昭三三・七・九刑集一二・一一・二四〇七）。

政令以下の命令は、法律の委任の範囲を超えた場合、無効となる。この点に関して、刑事訴訟法が、被勾留者との接見の自由を保障し、監獄法は、接見の内容を命令に委任したところ、監獄法施行規則が被勾留者と幼年者との接見を原則として禁止することは、監獄法の委任の範囲を超えて無効であるとされた判例がある（最判平三・七・九民集四五・六・一〇四九）

(ト)　大赦、特赦、減刑、刑の執行の免除及び復権の決定（七号）　これらを総称して恩赦という。恩赦とは、司法的手続によらないで、公訴権を消滅させたり、刑の言い渡しの効果の全部または一部を消滅させることをいう。

(b) 憲法七三条以外の憲法上の事務

最高裁判所長官の指名（六条二項）、最高裁判所長官以外の裁判官の任命（七九条一項・八〇条一項）、国会の臨時会の召集決定（五三条）、参議院の緊急集会の請求（五四条二項）、国会と国民に対する財政状況報告（九一条）、国会に対する決算の提出（九〇条一項）、予備費の支出（八七条）、天皇の国事行為に対する助言と承認（三条・七条）などがある。

(c) 内閣の責任

内閣は行政権の行使について、国会に対し連帯して責任を負う（六六条三項）。大日本帝国憲法のもとでは、各国務大臣が単独で天皇に対して責任を負うことになっていたが（旧憲五五条一項）、日本国憲法の下では、国民主権の原理から国民の代表機関である国会に対して、各大臣が個別ではなく、連帯して責任を負うことになった。責任の範囲は、内閣の権限に属するすべての事項についてである。天皇の国事行為についての内閣の責任は、天皇に代わって引き受ける責任ではなく、助言と承認を行ったことに対する内閣みずからの責任である。また、内閣の指揮監督下にある行政各部の行為についても責任を負うことは当然である。内閣は国会に対して責任を負っているが、この場合の国会は両議院である。

ところで、責任を負うとは具体的にどういうことなのであろうか。逆に言えば、国会はいかなる方法で内閣の責任を追及できるのか。その手段としては、質疑、質問、国政調査権などがあるが、それらのうちでもっとも強力なのは衆議院による内閣不信任決議（六九条）であろう。内閣不信任決議が行われた場合、内閣は衆議院を解散するか、または内閣総辞職するか、そのいずれかを選択しなければならない。

なお内閣の責任は、法的な意味での責任ではなく、政治的責任であると解されている。確かに衆議院の不信任決議の場合には、法的効果を伴うが、不信任決議は、内閣の政治姿勢全般を理由としてなし得るのであるから、やはり政治的責任という性質を帯びているといえよう。内閣の責任は、内閣を構成する国務大臣が一体となって負う連帯責任である。しかし、このことは、各国務大臣に単独責任がないということではない。個人的な言動を理由として、あるいは、個別の所管事項について国会から責任追及を受ける場合もある。

(五) 内閣総理大臣

(a) 内閣総理大臣の地位

内閣総理大臣は、国会議員の中から国会の議決により指名され、天皇によって任命される（六七条一項・六条一項）。内閣総理大臣の指名は、他の案件に先だって行われなければならない（六七条一項）。

大日本帝国憲法には、国務大臣に関する規定はあったが、内閣制度や、内閣総理大臣に関する規定はなかった。大日本帝国憲法五五条一項によれば、国務大臣がそれぞれ平等な立場で天皇を補弼することになっており、内閣総理大臣は他の国務大臣と同格で、「同輩中の主席」といわれた。これに対し、日本国憲法は内閣総理大臣は内閣の首長であると規定し（六六条一項）、他の国務大臣に比べ強い地位・権能を与えている。もちろん内閣は合議機関であるので、内閣総理大臣の閣議における発言権は他の国務大臣と対等であるが、国務大臣の任免権や訴追同意権等の権限を与えられているので、内閣総理大臣は、首長として他の国務大臣に優越する地位を確保している。

(b) **内閣総理大臣の主な権限**

内閣総理大臣は内閣を代表する地位にあり、憲法上及び法律上の主な権限は次の通りである。

(イ) 国務大臣の任免　内閣総理大臣は、他の国務大臣を任命し、任意に罷免することができる（六八条）。これは、内閣の統一性を確保するために内閣総理大臣に認められた権能であるから、内閣総理大臣の専権に属し、閣議にかける必要はない。

(ロ) 国務大臣の訴追同意権　国務大臣は、在任中、内閣総理大臣の同意がなければ訴追されない（七五条）。訴追とは公訴の提起を意味する。この権限は、国務大臣が訴追されることによって内閣の統一性が損なわれることを防ぐことと、国務大臣の職務の重要性からみて行政の円滑な運営のため国務大臣を保護することを目的とする。

(ハ) 内閣の代表　内閣総理大臣は、内閣を代表して議案を国会に提出し、一般国務及び外交関係について国会に報告し、並びに行政各部を指揮監督する権限を有している（七二条）。議案とは、内閣が発案する案件で、法律案、予算その他の議案を指す（内閣五条）。行政各部の指揮監督については、内閣総理大臣は、閣議にかけて決定した方針に基づいて行わなければならない（内閣六条）。ただし、閣議にかけて決定した方針が存在しなくても、内閣の明示の意思に反しない限り、行政各部に対し、その所掌事務について、一定の方向でしようとする指導、助言等の指示を与える権限を有する、とされている（最(大)判平七・二・二二刑集四九・二・一）

(ニ) 法律・政令への署名および連署　法律・政令には、すべて主任の国務大臣が署名し、内閣総理大臣が連署することが必要である（七四条）。主任の国務大臣の署名は、執行責任の明示を示し、総理大臣の連署は、内閣の一体性の原則を示すものである。

(ホ) 閣議の主宰　内閣総理大臣は閣議を主宰する（内閣四条二項）。

(六) 国務大臣

(a) 国務大臣の地位

国務大臣とは、内閣総理大臣を除く内閣の構成員をいう。国務大臣は、内閣総理大臣が任命し、天皇が認証する（六八条一項・七条五号）。国務大臣は国会議員であることを必要としないが、その過半数は国会議員でなければならない。前に触れたとおり、国務大臣は、内閣の構成員であると同時に、主任の大臣として行政事務を分担管理し、その在任中は、内閣総理大臣の同意がなければ訴追されない。

(b) **国務大臣の権限**

(イ) 内閣の構成員として、閣議に参加する権限。国務大臣は、その所管と直接関係のない案件であっても、閣議の開催を求めることができる（内閣四条三項）。

(ロ) 主任の大臣として法律及び政令に署名すること

(ハ) 議案について発言するため国会の両議院に出席すること

その他国家行政組織法その他の個別法で、行政上多くの権限が与えられている。

〈**参考文献**〉

西尾勝『行政の活動』有斐閣、二〇〇〇年。

国政情報センター出版局編集『省庁再編ガイドブック〈政府案版〉』国政情報センター出版局、二〇〇〇年。

佐藤幸治『憲法〈第三版〉』青林書院、一九九五年　再掲。

芦部信喜『憲法〈第三版〉』岩波書店、二〇〇二年　再掲。

4 裁判所

(一) 司法の意義と司法権の範囲

(a) 司法の意義

日本国憲法第六章（七六条から八二条まで）は司法に関する規定である。司法とは、一般的・抽象的法規範を具体的事件に適用して、紛争を解決したり、犯罪者に刑罰を科する作用であるとされる。この司法という作用をどの国家機関に担当させるかということが司法権の帰属の問題である。日本国憲法では、「すべて司法権は、最高裁判所及び法律の定めるところにより設置する下級裁判所に属する」（七六条一項）と規定し、司法権を裁判所に帰属させている。行政権も立法の下で法の執行を行うけれども、それは積極的な公益の実現を目指しており、司法権は、争訟を前提としての、いわば受身の消極的な法の具体的適用を行うといわれる。

(b) 司法権の範囲

司法権の範囲は、地域や時代によって異なる。伝統的に、ドイツ・フランスなどの国々では、司法権の及ぶ範囲を民事事件と刑事事件に限定し、行政裁判については、司法裁判所とは別の行政裁判所に委ねてきた（大陸型）。一方、イギリスやアメリカでは、行政裁判についても司法権の範囲としている（英米型）。

日本では、大日本帝国憲法と日本国憲法で、司法権の範囲に違いが見られる。すなわち大日本帝国憲法の下では、大陸型裁判制度を採用し、行政裁判については行政機関の系列におかれた行政裁判所が扱うこととされた（旧憲六一条）。よって、司法権は民事裁判と刑事裁判に限られることとなった。これに対し日本国憲法では、英米型裁判制度を採用し、行政裁判も司法権が担当する。司法権の及ぶ範囲が拡大したわけである。

日本国憲法は、「特別裁判所はこれを設置することができない」（七六条二項）と規定しているが、特別裁判所とは、通常裁判所の系列外におかれ、特殊な人または事件を裁判する裁判所のことである（大日本帝国憲法下の行政裁判所や軍法会議などがこれにあたる）。もっとも裁判所法によると、行政機関が単に前審として審判することを妨げるものではない（裁三条二項）。しかしこの場合も、その審判に対して不服な場合は、常に裁判所に出訴することが認められなければならず、行政機関は「終審として裁判を行ふことができない」（七六条二項）。

㈡ 法律上の争訟

(a) 法律上の争訟

裁判所法は、「裁判所は、日本国憲法に特別の定のある場合を除いて一切の法律上の争訟を裁判」すると規定している（裁三条一項）。そこで、「法律上の争訟」とはなにか、ということが重要なポイントになる。「法律上の争訟」は、司法権における「具体的な争訟」という要件（具体的事件性の要件とも言われる）とほぼ同じ意味と考えてよい。

「法律上の争訟」は、当事者間の具体的な権利義務ないし法律関係の存否（刑罰権の存否を含む）に関する紛争で、しかも法律を適用することによって終局的に解決できる紛争、と一般に理解されている。

このように司法権は、具体的な権利義務に関して争いがなければその権限を行使することができない。つまり現実に生じていない仮定的な争いや、具体的な争いに至らない抽象的な段階にとどまるものについては、司法権は行使されない。*

* もっともこのことは、日本国憲法に明記してあるのではなく、最高裁判所の判例として確立されたことである。すなわち最高裁判所は、警察予備隊違憲訴訟事件（最㈹判昭二七・一〇・八民集六・九・七八三）で、「わが裁判所が現行の制度上与えられているのは司法権を行う権限であり、そして司法権が発動するためには具体的な争訟事件が提起されることが必要で

ある」「わが現行の制度の下においては、特定の者の具体的な法律関係につき紛争の存する場合においてのみ裁判所にその判断を求めることができる」と判示したのである。

この具体的事件性の要件は、裁判所法三条一項の「法律上の争訟」の問題としても争われ、要件を緩和すべきか否か議論されている。たとえば、町議会の議員辞職勧告決議等をめぐる紛争は、法律上の争訟にあたるという判例がある（最判平六・六・二一判時一五〇二・九六）。

(b) **法律上の争訟に当たらない事例**

このような「法律上の争訟」に当たらず、裁判所の審査権が及ばないとされるのは、次のような場合である。

(イ) 具体的事件性がない（特定の権利侵害がない）のに、抽象的に法令の解釈や効力を争う場合（前出警察予備隊違憲訴訟はこの例である）。ただし、行政事件訴訟法は、民衆訴訟や機関訴訟（合わせて客観訴訟ともいう）を認めている。民衆訴訟とは、たとえば選挙訴訟のように、当事者間に直接具体的法律関係の争いはないが、国民が選挙人たる資格その他自己の法律上の利益にかかわらない資格で提起する訴訟をいう（行訴五条）。機関訴訟とは、国または公共団体の機関相互間における権限の存否またはその行使に関する紛争についての訴訟をいう（行訴六条）。これらは、具体的事件性を前提とせずに出訴できる例外的な制度である。

(ロ) 単なる政治的または経済的問題や、技術上または学術上に関する争いは法律上の争訟といえな

い（最㈹判昭四一・二・八民集二〇・二・一九六）。

(ハ)　純然たる信仰の対象の価値あるいは宗教上の教義に関する判断を求める場合。

①　宗教上の教義に関する判断が、権利義務に関する判断の前提として不可欠になっている場合にも、司法審査は及ばない（最判昭五六・四・七民集三五・三・四四三（板まんだら事件））。

この判決の趣旨を宗教上の教義、信仰を理由とする、寺の住職に対する懲戒処分に及ぼした判決では、当事者間の具体的な権利や、法律関係に関する訴訟であっても、それが特定人の寺の住職としての地位の存否を判断する前提問題であり、また宗教上の教義、信仰に関する事項に関わっている場合、裁判所に審判権はないとされた（最判平一・九・八民集四三・八・八八九）。

②　宗教団体内部の懲戒処分が、被処分者の宗教活動を制限し、または宗教上の地位に関する不利益を与える場合、具体的な法律関係の存否をめぐる紛争とはいえない（最判平四・一・二三民集四六・一・一）。

③　特定の者の宗教活動上の地位の存否を審理、判断するにつき、当該宗教団体の教義ないし信仰の内容に立ち入って審理、判断することが必要不可欠である場合、裁判所はその者の宗教活動上の地位の存否について審査できない（最判平五・九・七民集四七・七・四六六七）。

④　檀徒等の信者の地位は、具体的な権利義務ないし法律関係を含む法律上の地位と言えるのかは、具体的に検討する必要がある（最判平七・七・一八民集四九・七・二七一七）。

㈢ 司法権の限界

(a) 司法権の限界

上述の通り、裁判所は法律上の争訟でなければ裁判できないが、法律上の争訟のすべてを裁判できるわけではないのである。つまり司法権には限界がある。たとえば天皇に民事裁判権は及ばないので、訴状において天皇を被告とする訴えについてはその訴状を却下すべきであるとされる（最判平一・一一・二〇民集四三・一〇・一一六〇）。

法律上の争訟であっても司法権が及ばないのは、次のような場合である。

(イ) 日本国憲法に特別の定めがある場合。たとえば国会の各議院が行う資格争訟の裁判（五五条）、国会におかれる弾劾裁判所による裁判官の弾劾裁判（六四条）、内閣の権限とされる恩赦の決定（七三条七号）などがある。

(ロ) 国際法上の例外。治外法権や、条約による裁判権の制限などが該当する。

(ハ) 法律上の係争ではあるが、出来事の性質上裁判所の審査にふさわしくないと考えられるもの。権力分立の原則による制約、部分社会の法理、統治行為などが考えられる。

(b) 権力分立の原則による制約

立法権・行政権との関係において、司法権は制約を受ける。立法権に対しては、プログラム規定ないし立法上の裁量（立法裁量）、行政権に対しては行政行為の自由裁量の問題がある。プログラム規定とは、規定自体は直接に法的拘束力を有せず、いわば国政の政治政策的方向付けを宣言するものであり、原則としてその具体的措置を立法権に委ねるものである。プログラム規定説を採用した有名な事件が、いわゆる朝日訴訟である（最㊅判昭四二・五・二四民集二一・五・一〇四三）。

また法律制定の議事手続の有効・無効については、裁判所は立法権（両院）の自主性を尊重し、判断すべきでないとされた（最㊅判昭三七・三・七民集一六・三・四四五〔警察法改正無効事件〕。またこの事件では、衆議院の会期延長決議が適法に成立したか否かについて、裁判所は司法審査を行うことができないとされた）。

行政庁の自由裁量については、法律が一定の範囲で行政庁の裁量の余地を与えている場合には、その処分が妥当かどうかの問題を生じるとしても、違法の問題は生じないから、裁判所は法的判断を加えることが出来ないとされている。ただし、行政庁が与えられた裁量権の範囲を逸脱したり、その権限を濫用した場合には、裁判所はその処分を取り消すことができる（行訴三〇条）。

(c) **部分社会の法理**

裁判所が自律的な部分社会の問題として立ち入らない場合がある。これを部分社会の法理という。部分社会の法理については、特別権力関係論との関係で、批判されることもある。次のような判例がある。

(イ) 地方議会の議員の出席停止の懲罰に対しては司法審査が及ばないが、議員の除名処分に対しては司法審査が及ぶ（最㊥判昭三五・一〇・一九民集一四・一二・二六三三）。

(ロ) 大学の単位認定に関する紛争については、司法審査が及ばないが、国公立大学の専攻科の学生が大学の専攻科修了の認定を求めて出訴した場合、裁判所の司法審査が及ぶ（最㊥判昭五二・三・一五民集三一・二・二三四（富山大学単位不認定等違法確認訴訟））。

(ハ) 政党による党員の除名その他の処分は司法審査の対象とならない（最判昭六三・一二・二〇判時一三〇七・一一三（袴田訴訟））。

(ニ) 政党が組織内の自律的運営として党員に対してした除名その他の処分の当否については原則として政党による自律的な解決に委ねられている（最判平七・五・二五民集四九・五・一二七九（日本新党比例代表選出繰上当選訴訟））。

(ホ) 当選訴訟（公職二〇八条）において、選挙管理会の判断に誤りがないのに、裁判所がその他の事由を原因として、独自に当選を無効にすることができるかどうかについては、実定法上の根拠がないのに裁判所は独自の当選無効事由を設定できない（前掲日本新党比例代表選出繰上当選訴訟）。

(d) **統治行為**

統治行為とは、「直接国家統治の基本に関する高度に政治性のある国家行為」（最㊥判昭三五・六・八民集一四・七・一二〇六（苫米地訴訟））をいう。そして、そのような行為については、たとえ法律上の争訟であり、その有効無効の判断が法律上可能であっても、それらの行為は裁判所の審査権の範囲外にあるとする考えを統治行為論という。

つまり、裁判所が具体的事件を審理するにあたって、そこで争われている問題が、高度に政治的な内容を含んでいるために法的判断としては不適当であるとし、立法権や行政権に最終決定権を委ねたほうがよいと考えて、その問題に対する実質的判断を避ける理論である。たとえば、外国の国家や政府の承認、条約の締結などの外交上の問題、国会の自律権に関する問題、国務大臣の任免などがこれに相当するとされている。苫米地訴訟は、衆議院の解散無効確認を求めた訴えであるが、衆議院の解散行為も司法審査の対象にならないとされたのである。

最高裁判所は、日米安全保障条約が憲法九条に違反するとして争われた砂川事件で、「(日米安保条約は)、わが国の存立の基礎に極めて重大な関係を持つ高度の政治性を有するものというべきであって、その内容が違憲なりや否やの法的判断は、その条約を締結した内閣及びこれを承認した国会の高度の政治的ないし自由裁量的判断と表裏をなす点がすくなくない。それ故、右違憲なりや否やの法的判断は、純司法的機能をその使命とする司法裁判所の審査には原則としてなじまない性質のもの」であると判示した。つまり、条約の内容が一見きわめて明白に違憲無効であると認められない限り、裁判所の司法審査の範囲外、ということである*(最(大)判昭三四・一二・一六刑集一三・一三・三二二五)。

こういった裁判所の自己抑制的な姿勢については、賛否両論がある。安易に統治行為論を援用して憲法判断を回避すると、司法審査制度を設けている意味が薄れてくるが、逆にみだりに憲法判断を示すことは、三権の均衡抑制のバランスを崩すことにも繋がりかねない。難しい問題である。

＊　このほか統治行為関係の判例としては、以下のようなものがある。
(イ)　衆議院の会期延長決議が適法に成立したか否かについて、裁判所は司法審査を行うことができない（最(大)判昭三七・三・七民集一六・三・四四五（警察法改正無効事件））。
(ロ)　裁判所は、下命者である主務大臣が発した職務執行命令において、その判断の優越性を前提に都道府県知事が職務執行命令に拘束されるか否かを判断すべきかが問題となった事件では、主務大臣が発した職務執行命令がその適法要件を充足しているか否かを客観的に審理判断すべきであるとした（最(大)判平八・八・二八民集五〇・七・一九五二（沖縄代理署名訴訟））。
(ハ)　職務執行命令の根拠である駐留軍用地特措法が憲法に適合するか否かを裁判所は審査できる（前掲沖縄代理署名訴訟）。

(四)　裁判所の組織と権能

裁判所は、最高裁判所及び法律の定めるところにより設置する下級裁判所から構成される（七六条一項）。最高裁判所は、憲法上とりわけ重要な意義と権能を有している。

(a)　最高裁判所

最高裁判所は、長たる裁判官（最高裁判所長官）とその他一四人の裁判官（最高裁判所判事）で構成される。このうち長官は、内閣の指名に基いて天皇が任命し（六条二項、裁三九条一項）、その他の裁判官は内閣が任命して天皇が認証する（七九条一項、裁三九条二項・三項）。最高裁判所の裁判官は、識見の高い法律の素養ある四〇歳以上の者の中から任命し、そのうち少なくとも一〇人は、一定の長期間法律専門家としての経験を持った者でなければならない（裁四一条）。定年は七〇歳である（七九条五項、裁五〇条）。最高裁判所の審理及び裁判は、大法廷または小法廷で行われる。大法廷とは、最高裁判所裁判官全員の合議体であり、小法廷とは、三人以上の最高裁判所が定めた員数の合議体である（裁九条）。法令審理や判例変更の場合は、原則として大法廷で行う（裁一〇条）。裁判の結論である裁判書には、各裁判官の意見を表示しなければならない（裁一一条）。

最高裁判所には、憲法あるいは法律によって、次のように広範な権能が認められている。これらの権能は、法廷あるいは裁判官会議で実行されている。①違憲審査権（八一条）②一般上告裁判権（裁七条）③裁判官指名権（八〇条一項）④司法行政監督権（裁一二条）⑤規則制定権*（七七条）

* 訴訟手続に関する手続事項は、最高裁判所規則だけでなく、法律によって定めることもできる（最判昭三〇・四・二二刑集九・五・九一一）

(b) 下級裁判所

下級裁判所は四種類ある（裁判所法第三編を参照）。高等裁判所、地方裁判所、家庭裁判所、簡易裁判所である。高等裁判所は、主として控訴と抗告を扱い、原則として三人の裁判官の合議体で裁判を行う。地方裁判所は一般的・原則的な第一審の裁判所で、判事及び判事補によって裁判を行う。家庭裁判所は、*構成は地方裁判所と同様だが、家事審判法及び少年法で定める審判を扱う。簡易裁判所は、訴訟の目的価額が少額で、かつ軽微な事件を裁判する裁判所である。

＊　なお家庭裁判所は、一般的に司法権を行う通常裁判所の系列に属する下級裁判所として裁判所法により設置されたものである。つまり家庭裁判所は、憲法が禁止している特別裁判所ではないことが、判例によって確認されている(最(大)判昭三一・五・三〇刑集一〇・五・七五六)。

(五) 司法権の独立

司法権の独立とは、他の権力特に行政権から不当な干渉を受けないことを意味する。憲法七六条三項は、「すべて裁判官は、その良心に従ひ独立してその職権を行ひ、この憲法及び法律にのみ拘束される」と定めて、司法権の独立を保障している。司法権の独立は二つの意味において理解されている。一つは、裁判官がその職務を行うに際しての独立、つまり裁判官の職権の独立であり、これが狭い意味における司法権の独立である。もう一つは、そういった裁判官の職権の独立のために必要とされる裁判官の身分及び地位の保障であり、広い意味における司法権の独立である。

(a) **裁判官の職権の独立**

裁判官の職権の独立とは、裁判官がその担当事件を裁判する際に、如何なる権力あるいは如何なる人からも指揮・干渉されることなく、自己の良心に従い、独立して職権を行使し、裁判を行うことである。「良心」とは、漠然としてとらえどころのない言葉であるが、日常的な意味すなわち裁判官個人の良心を指すのではなく、裁判官としての職業上の良心、つまり公平無私な精神を意味する。

日本国憲法七六条三項にあるとおり、裁判官は憲法及び法律にのみ拘束され、独立して公正な裁判を行うことが求められている。この場合「裁判官の良心」とは、判例によると、自己内心の良識と道徳観に従うの意味である。*

＊　「裁判官が良心に従うというのは、裁判官が有形無形の外部の圧迫乃至誘惑に屈しないで、自己内心の良識と道徳感に従うの意味」である（最大判昭二三・一一・一七刑集二・一二・一五六五）。

司法権の独立をめぐっては、大日本帝国憲法下で起きた「大津事件」（明治二四年五月）で、当時の大審院長・児島惟謙が、元老や内閣の圧力に抵抗した出来事が有名である。日本国憲法の下においては、参議院の国政調査権（六二条）に基づく国会からの圧力が問題となった「浦和充子事件（昭和二四年）」、大阪地方裁判所裁判長の訴訟指揮に対して、最高裁判所が「まことに遺憾」だとして通達を出したことが問題となった「吹田黙禱事件（昭和二八年）」、司法行政上の直属の上司からの干渉が問題となった「平賀書簡事件（昭和四四年）」などが、事例としてよく取り上げられる。

(b)　**裁判官の身分保障**

裁判官の職権の独立を保証するためには、裁判官が何らの不当な圧力や不安に曝されないという意味での充分な身分の保障が必要である。日本国憲法は、「裁判官は、裁判により、心身の故障のために職務を執ることができないと決定された場合を除いては、公の弾劾によらなければ罷免されない。裁判官の懲戒処分は、行政機関がこれを行ふことはできない」（七八条）と規定し、裁判官の身分保障に充分な配慮をしている。

さらに裁判所法は、日本国憲法の趣旨を受けて、裁判官が特に定められた例外的場合を除き「その意思に反して、免官、転官、転所、職務の停止又は報酬の減額をされることはない」（裁四八条）と規定し、憲法も報酬について「定期に相当額の報酬を受け」「在任中、これを減額することができない」（七九条六項・八〇条）と規定している。

(c) 裁判官の罷免

裁判官が罷免されるのは、以下の三つの場合である。

(イ) 職務不能の裁判による場合　裁判官分限法に詳細な規定がある。職務不能の裁判とは、心身の故障のために職務を執ることができないかどうかを決定する裁判である。特定の圧力や、恣意的な判断で裁判官の身分が奪われることを防止することを目的とする。

(ロ) 公の弾劾による罷免　詳細は、裁判官弾劾法に規定されている。弾劾による罷免理由は、①職務上の義務に著しく違反し、または職務を甚だしく怠った場合、②その他職務の内外を問わず裁判官としての威信を著しく失うべき非行があったとき（裁弾二条）である。この場合、国会の裁判官訴追委員会の訴追に基づき、弾劾裁判所によって罷免される。裁判官罷免の裁判は、審理に関与した裁判員の三分の二以上の多数の意見による（裁弾三一条）。

(ハ) 国民審査による罷免（最高裁判所裁判官のみ）　最高裁判所の裁判官はその任命後初めて行わ

れる衆議院議員総選挙の際に国民審査に付され、その後一〇年ごとに同様の審査を受け、投票者の多数がその裁判官の罷免を可とするとき、その裁判官は罷免される（七九条二項・三項）。

国民審査の法的性質については、国民の公務員選定権の行使であるという考えと、解職制度であるという考えがある。国民審査は、国民の公務員選定権の行使であり、現在の審査方法では、国民の意思を充分表明できないので、現在の審査方法は不適当であると争われた事件で、最高裁判所は国民審査制の実質について、解職の制度（リコール）とみるべきであるとした（最㊤判昭二七・二・二〇民集六・二・一二二）。

要するに最高裁判所裁判官の国民審査制度は、解職制度（リコール制）であって、裁判官の任命の可否を国民に問う制度ではない（国民が罷免すべきか否かを決定する趣旨であり、任命そのものを完成させるか否かを審査するものではない）。

(d) **裁判官の懲戒**

裁判官は、職務上の義務に違反し、もしくは職務を怠り、または品位を辱める行状があったときに懲戒される（裁四九条）。懲戒は裁判手続によってなされ（裁四九条）、行政機関が行うことはできない（七八条）。懲戒は戒告と一万円以下の過料に限られる（裁分限二条）。

(六) 違憲審査権

(a) 違憲審査制の意義と類型

(イ) 司法審査制　憲法は国の最高法規であり、あらゆる下位の法規及び国家行為は、憲法に抵触してはならない。憲法に違反した場合には、その効力が否定されなければならない。日本国憲法は、憲法に反する「法律、命令、詔勅及び国務に関するその他の行為の全部又は一部は、その効力を有しない」(九八条一項) と規定し、そのことを確認している。

法規や国家行為が憲法に違反した場合は、その効力が否定されるわけだが、それでは、法規や国家行為が憲法に違反するかどうかを、どこが判断するのであろうか。つまり、国家のどの機関が、いかなる場合に、どのような手続で、法規や国家行為の憲法適合性を判断するのかが問題となる。

今日多くの国々では、司法権にその任務を託している。これを司法審査制という。この場合、通常の裁判所にその権限を付与するやり方と、特別の憲法裁判所を設けるやり方がある。前者は米国で発展した方法で、日本も米国にならっている。後者は、ドイツが代表的である。

日本国憲法では、「最高裁判所は、一切の法律、命令、規則又は処分が憲法に適合するかしないかを決定する権限を有する終審裁判所である」(憲八一条) と規定し、違憲審査権が裁判所にあることを明示している。最高裁判所は、下級裁判所もこの権限を持っていることを認めている (最(大)判昭二五・二・一刑集四・二・七三（食糧管理法違反事件））が、憲法八一条にあるとおり、違憲問題の最終決定権は、終審裁判所である最高裁判所にあるので、それらの問題については、最高裁判所に上訴の機会が開かれていなければならない（民訴三二七条）。最高裁判所が、違憲審査権を行使するときは、大法廷で審理し（定足数九）、かつ八人以上の裁判官の意見の一致が必要である（裁一〇条、最裁事務規一二条）。

(ロ)　具体的審査制と抽象的審査制　違憲か否かを、具体的訴訟と切り離して審査することを認める抽象的審査制と、具体的な事件に付随して審査する具体的（付随的）審査制がある。わが国の場合、具体的審査制がとられているが、それは最高裁判所の判例に示されているのであって（前出警察予備隊訴訟参照）、日本国憲法には、抽象的審査制を要求する明文も存在しないが、具体的審査制を要求する旨の明文も存在するわけではなく、また逆に、抽象的審査制を禁止する旨の明文も、存在しない。*

＊　「裁判所がかような具体的事件を離れて抽象的に法律命令等の合憲性を判断する権限を有するとの見解には、憲法上及び法令上何等根拠も有しない」

具体的審査制をとる場合、当事者適格が問題となる。憲法訴訟の当事者適格に関して、第三者に告知、弁解、防御の機会を与えることなく第三者の所有物を没収することは違憲である旨を被告人が主張できるという判例がある（最(大)判昭三七・一一・二八刑集一六・一一・一五九三（第三者所有物没収事件））。

(b)　**違憲審査の対象**

裁判所の審査の対象となるのは、「一切の法律、命令、規則又は処分」であるが、条約については、憲法優位説を採用するか、条約優位説を採用するか、その立場の違いによって違憲審査の対象となるかどうか見解が分かれることになる。なお、日米安全保障条約については、統治行為論にたって、「一見極めて明白に違憲無効であると認められない限りは、裁判所の司法審査の範囲外のもの」としている（前出砂川事件）。

違憲審査権の対象に関する判例には次のようなものがある。

(イ) 裁判は一種の「処分」であり、憲法八一条の「処分」として違憲審査の対象となる（最(大)判昭二三・七・八刑集二・八・八〇一）。

(ロ) 仮に当該立法の内容が憲法の規定に違反するおそれがある場合でも、国会議員の立法行為が直ちに違法の評価を受けるわけではない（最判昭六〇・一一・二一民集三九・七・一五一二〔在宅投票制廃止違憲訴訟〕）。

(ハ) 国会議員の立法行為（立法不作為）は、直ちに違憲審査の対象とならない（前掲在宅投票制廃止違憲訴訟）。

(c) **違憲審査の方法**

(イ) 憲法判断回避の原則　当該訴訟が憲法判断に立ち入ることなく解決しうる場合には、裁判所はあえて憲法判断を行うべきではないという考え方である。例として、恵庭事件がある（札幌地判昭四二・三・二九下刑集九・三・三五九）。具体的（付随的）審査制に立脚した場合、訴訟の主たる目的はあくまでも当該紛争の処理であり、違憲か否かの判断が、当該事件に対する裁定に必要不可欠な場合に限り憲法判断を行う、という原則である。

(ロ) 合憲限定解釈とは、合憲性につき疑いのある法律を限定解釈し、その法令自体の効力を維持する方法で、最高裁判所の判例にしばしばみられる（例として、最㊅判昭四一・一〇・二六刑集二〇・八・九〇一〔全逓東京中郵事件〕、最㊅判昭四四・四・二刑集二三・五・三〇五〔都教祖事件〕）。問題となった法令に複数の解釈可能性がある場合、合憲となる解釈を採用し、違憲となるような解釈を排除する方法である。

(ハ) 適用違憲　法令（の規定）自体を一般的に違憲であるとはしないで、その規定を当該事件に具体的に適用したことが違憲となる、という判断の仕方である（旭川地判昭四三・三・二五下刑集一〇・三・二九三〔猿払事件〕）。なお適用違憲にもいくつかの型がある。

(ニ) 法令違憲とは、当該事件に適用される法令自体を違憲とする方法である（最㊅判昭四八・四・四刑集二七・三・二六五〔尊属殺重罰規定事件〕、最㊅判昭五〇・四・三〇民集二九・四・五七二〔薬事法距離制限事件〕）。

なお、合憲判決の方法については、裁判所が有罪判決の理由中にその法令の適用を示しただけでも、当該法令が憲法に適合するとの判断を示したことになる（その法令が合憲であることを積極的に表明しなくても違法ではない）という判例がある（最㊅判昭二三・一二・一刑集二・一三・一六六一）。

(d) **違憲判決の効力**

違憲判決の効力については、個別的効力説と、一般的効力説がある。前者は、一般的に無効とすると、それは司法権による一種の立法作用になってしまうと考えて、違憲判決の効力は、当該事件に限りその無効とされた法律の適用が排除されるとする。後者は、違憲判決が出た場合、その効力は、当該事件に限られるものではなく、法律の規定そのものが一般的に無効となる(実質的に法律でなくなる)と考える。最高裁判所が法令を違憲とした場合、それはあらゆる国家機関を拘束する特別な効力をもつというのが、憲法八一条の趣旨であると理解することによる。

違憲判決がなされた場合、その趣旨を官報に公告し、かつその裁判書の正本を内閣に送付することになっており、また、法律が違憲であるとしたときは、その正本を国会に送付する(最裁事務規一四条)。違憲判断は、内閣や国会の行為を直接義務づけるものではなく、その後の措置はそれぞれの機関に委ねているのである。

たとえば前出の尊属殺重罰規定事件の場合、昭和四八年(一九七三年)に刑法二〇〇条が違憲とされたのであるが、その規定は、その後二十年あまりそのまま存続し、平成七年(一九九五年)の刑法改正で削除された(もちろん違憲とされた条項が、その後罰条として用いられることはなかったので、実質的には休眠状態であったと言える)。

(七) 裁判公開の原則

近代民主制国家は、裁判の公正さ及び裁判への信頼を確保するため、裁判公開の原則を確立させた。

なぜ裁判の公開が要請されるのであろうか。それは歴史上、あるいは経験上、秘密でひそかに行われる裁判は、往々にして不公正なものになりがちであるということへの反省に基づいている。

日本国憲法は刑事被告人の人権の面から、「被告人は、公平な裁判所の迅速な公開裁判を受ける権利を有する」(三七条一項)と規定して公開裁判を保障し、「裁判の対審及び判決は、公開法廷でこれを行ふ」(八二条一項)としている。この場合の「対審」とは、相対立する当事者が裁判官の面前で弁論を行い、審理を進行させることであり、民事事件における口頭弁論の手続や刑事事件における公判手続を指す。また、「判決」とは、対審に基づいて、裁判官が事件解決の判断を下すことである。対審・判決とも、裁判においては不可欠な場面であるため、公開が求められているのである。

ただし、裁判の公開には限界がある。つまり、法廷での取材活動、写真撮影、テレビ放送などが無条件で全面的に許されるわけではない。刑事訴訟規則では、これらの活動について裁判所の許可を得なければならないとしている(刑訴規二一五条)。この点については、裁判の公開といっても、一般の国民が裁判を直接傍聴する機会は限られているので、主として報道機関から提供される情報によって裁判の様子を知ることになるのであり、報道機関の果たしている役割という観点からも見直すべきであるとの意見がある。

以前は、法廷でメモを取ることも認められていなかったが、最高裁判所は平成元年の判決で、「法廷において傍聴人がメモを取ることを権利として保障しているものではないが、傍聴人が法廷においてメモを取ることは、その見聞する裁判を認識、記憶するためになされるものである限り、尊重に値し、故なく妨げられてはならない」と述べた（最㈹判平一・三・八民集四三・二・八九＊（レペタ事件））。

＊ 憲法八二条は、各人が裁判所に対して傍聴することを権利として要求できることまでを認めたものではなく、傍聴人に対して法廷においてメモを取ることを権利として保障しているものではない。筆記行為の自由は、憲法二一条一項の規定に照らして尊重されるべきである、とした。

憲法は、「対審」について、例外的に「公の秩序又は善良の風俗を害する虞がある」ときは、「裁判官の全員一致」で公開しないで行うことができると規定している（八二条二項）。また、判例では、家事審判法に基づく非訟事件について非公開を認めている（最㈹判昭三五・七・六民集一四・九・一六五七）。ただし、政治犯罪、出版に関する犯罪、憲法第三章で保障する国民の権利が問題となっている事件については公開の原則は絶対要件となっており、公開の禁止措置はできない（八二条二項但書）。なお裁判官は、法廷内の秩序維持のために、法廷の秩序を乱す行為をなす者や傍聴人に退廷を命じたりできるが、従わない者は監置若しくは過料に処されることもある（法廷等の秩序維持に関する法律二条）。

裁判の公開に関しては、次のような判例がある。

① 性質上純然たる訴訟事件につき、当事者の意思いかんにかかわらず、終局的に、事実を確定し当事者の主張する権利義務の存否を確定する裁判が、公開の法廷における対審及び判決によってなされない場合、憲法八二条、三二条に反する。またこの裁判が、強制調停手続によることは、憲法八二条、三二条に反する（最㈹決昭三五・七・六民集一四・九・一六五七）。

② 家事審判法の定める「夫婦の同居その他の夫婦間の協力扶助に関する処分」についての審判は、公開法廷における対審及

び判決を要しない（最（大）決昭四〇・六・三〇民集一九・四・一〇八九、最（大）決昭四〇・六・三〇民集一九・四・一一一四）。

③ 実体法上の権利関係である相続権、相続財産等の存在を前提とする遺産分割審判は公開の手続による必要はない（最（大）決昭四一・三・二民集二〇・三・三六〇）。

④ 再審を開始するか否かを定める手続は憲法八二条の「裁判の対審」に含まれない（最（大）決昭四二・七・五刑集二一・六・七六四）。

⑤ 裁判官の分限事件について憲法八二条一項の適用はない（最決平一〇・一二・一民集五二・九・一七六一）。

〈参考文献〉


『ジュリスト（特集・司法制度改革の展望）』No.一一七〇（二〇〇〇年一月一—一五日号）。

兼子一、竹下守夫『裁判法（第四版）』有斐閣、一九九九年。

久保潔、横田弘幸『よくわかる司法のしくみと裁判（改訂版）』法学書院、二〇〇二年。

渡部保夫（ほか）『テキストブック現代司法（第四版）』日本評論社、二〇〇〇年。

市川正人（ほか）『現代の裁判』有斐閣、二〇〇三年。

5 財　政

(一) 財政国会中心主義の原則

(a) 租税法律主義

憲法八四条は「あらたに租税を課し、又は現行の租税を変更するには、法律又は法律の定める条件によることを必要とする」と規定しているが、租税法律主義の原則がこれである。ひらたく言えば「法律なければ課税なし」ということである。これについては別に憲法三〇条に「国民は、法律の定めるところにより、納税の義務を負ふ」と国民の義務の側からも規定されている。この租税法律主義の原則は、近代立憲主義国家の財政制度にあたっては、必要不可決の原則である。

租税については、各国の憲法体制によっても異なるが、国の収入および支出の全部について、議会による毎年の議決を要するもの（フランス）もあるが、わが国では、明治憲法以来、国会の議決を経たのちは、これを変更する場合のほかは、あらためて国会の議決を必要とせず、毎年ひきつづいて賦課徴収できるという永久主義をとっている。

(b) 租税法律主義と地方税および関税

なお、地方税に関して、租税法規と条例との関係で問題とされてきた。すなわち、地方税のことについては「法律」ではなく「条例」によって定めることが認められているのは、八四条の租税法律主義の例外であるといわれることがある。この場合、一般的には国であれ地方公共団体であれ、課税権が立法権の一態様であって、課税権の本質は立法権であることを考えれば、条例による課税と賦課徴収とは租税法律主義の例外と解すべきではなく、八四条の法律の中には「条例」は当然含まれていると解されている。

判例は、憲法三〇条、八四条を引用して、その点を指摘しており（最大判昭三〇・三・二三民集九・三・三三六）、課税要件および租税の賦課徴収の手続は法律で明確に定めることができる（最大判昭六〇・三・二七民集三九・二・二四七）としている。

関税については、その特殊性からかなりの程度に条約または政令でもって、法規を定立できるとしているが、その根拠は、他の国税の場合と同様に法律主義をたてまえとし、ただ例外的に「法律の定める条件により」条約で規律することを認める趣旨であると解されている。

(二) 国費支出と国の債務負担行為

憲法八五条は「国費を支出し、又は国が債務を負担するには、国会の議決に基づくことを必要とする」と規定している。いわゆる八三条で財政国会主義（財政立憲主義）の原則を宣言しているため、本条の規定は必要でないように思われるが、八三条の国会中心の財政原則を国費支出の面に具体化したものが本条である。

国費の支出とは、国の各般の需要を充たすための現金の支払いをいう（財二条）。その支払い原因が、法令の規定によるものであろうと、私法上の契約によるものであろうと、それ以外の原因に基づくものであろうと、すべて「国費の支出」である。国費の支出に対する国会の議決は、法律の形式によらず、予算の形式によってなされる。国費の支出が国会の議決を要することは、財政国会主義の原則である。この原則は、フランス憲法（一七九一年）にその源を発している（支出に対する承諾は、収入に対する同意の原則よりきたる当然の原則）。

明治憲法では種々の例外を認め、大幅な制約が憲法上認められていた。すなわち、皇室経費に対する制約（皇室財政自律主義）（六六条）、既定費および法律等に関する制約（六七条）、予算不成立の場合の措置（七一条）および統帥権の独立（一一条）の原則によって、軍事予算の立憲的監督が実際上いちじるしく制限されていた。さらに、財政上の緊急処分権等を内閣に認め、行政権の優越を認めていた。現憲法は、これらの制約規定をすべて撤廃し、国会中心による財政立憲主義の原則を宣言した。

国費の支出に対する国会の議決は、予算の方式によってなされることは前述のとおりであるが、しかし、国の債務負担に対する国会の議決については、どのような方式によってなされるかは、憲法は別段の定めをしていない。したがって、国会の議決方式は、債務の種類や性質に応じて法律の形式、予算の形式、特定の方式によるものに分けられる。

(a) **法律の形式によるもの**

国債または公債、すなわち、その償還期が次年度以降に及ぶ固定公債は法律の形式によっている。

(b) **予算の形式によるもの**

歳出予算の金額もしくは継続費の総額の範囲内における債務（流動公債）であって、大蔵省証券や一時借入金（財七条）等のように、当該年度内に返還されるもの。この種のものは、歳出予算の金額の範囲内に限られているため、当然国会の議決があったものとされ、重ねて特別の国会の議決は必要でない。

(c) **特定の方式によるもの**

財政法上の国庫債務負担行為（財一五条）と呼ばれるもので、たとえば、外国人傭入契約、土地建物賃貸借契約、地方公共団体の事業に関する補助契約、災害復旧のための債務負担などがこれである。国庫債務負担行為は、財政法上予算の一部を構成するもの（同一六条・二二条）であり、これは予算の形式で議決される（同一五条一項）。財政法二六条は「国庫債務負担行為は、事項ごとに、その必要の理由を明らかにし、且つ、行為をなす年度及び債務負担の限度額を明らかにし、又、必要に応じて行為に基づいて支出をなすべき年度、年限又は年割額を示さなければならない」と義務づけしてある。しかし、災害復旧その他緊急の必要がある場合においては、国は毎会計年度、国会の議決を経た金額の範囲内において債務を負担する行為をなすことができる（同一五条二項）。この場合においては、次の常会において国会に報告しなければならない（同一五条四項）。

㈢ 予算の議決

予算とは、一会計年度（国の会計年度は毎年四月一日に始まり、翌年三月三一日に終わる）における国の歳入歳出の予定準則を内容とし（実質的意味の予算）、国会の議決を経て定立される国法の一形式をいう（形式的意味の予算）のであり、内閣その他の国家機関を規律する。近代的予算制度はイギリスおよびフランスで発達し、その後ドイツにおいても発達した。ドイツの予算制度は、官僚的色彩が強く、わが国はドイツの予算制度の影響を受けて近代予算制度を明治憲法で定めたが、官僚的色彩が強く、原則規定に対する諸種の例外規定（六六条・六七条・七〇条・七一条）が多く存在し、きわめて不完全なものであった。

これに対して現憲法は、「財政における国会中心主義」（八三条）の原則を基本に据え、「内閣は、毎会計年度の予算を作成し、国会に提出して、その審議を受けなければならない」（八六条）と定め、国会が最終の決定権をもつことを明らかにした。予算は、予算総則、歳入歳出予算、継続費、繰越明許費および国庫債務負担行為をその内容としている（財一六条）。予算には、本予算、補正予算（追加予算と修正予算）、暫定予算がある。追加予算は「法律上又は契約上国の義務に属する経費の不足」を補うほか、「予算作成後に生じた事由に基づき特に緊要となった経費の支出又は債務の負担を行うため」に必要とされる予算で、修正予算は「予算作成後に生じた事由に基づいて、予算に追加以外の変更を加える場合」の予算で、本予算の場合と同じ手続で、国会の審議、議決を経なければならない（財二九条）。さらに暫定予算は未だ予算が成立していない段階で過渡的にたてられる予算である（財三〇条）。

(四) 予算の法的性格

予算の性格については、解釈をめぐって見解が分かれている。

(a) 予算行政説（承認説）

予算に法的性格を認めず、予算はあくまで行政行為であって、議会に対する意思表示にすぎない。すなわち、予算とは「国会が政府に対して一年間の行政計画を承認する意思表示であって、専ら国会と政府との間にのみ効力を有する」にすぎないとする。この説は予算と法律との区別に終始、予算の法律的性格を否定している。

(b) 国法形式説

この説は予算をもって法律と並列する国法形式であるとする見解で、もっとも支持者が多い。この説によれば、予算とは「一会計年度における財政行為の準則、主として歳入歳出の予算準則を内容（実質的意味の予算）とし、国会の議決を経て定立される国法形式（形式的意味の予算）」をいう。つまり、予算とは、一会計年度ごとに議決する財政行為で、それは単なる歳入・歳出の見積表ではなく、政府の行為を規律する準則である。したがって、それが準則である以上、国会の議決によって成立しなければならないとし、承認説との差異を示している。

(c) 予算法律説

予算は法律それ自体であるとする見解である。この説を前提に予算という名称をもった法律の一種とする見解もある。いずれにしても、この説は財政議決主義の原理に立つとき当然導き出されてくる見解であるとする。この見解に対して、①予算は国家機関のみを拘束するもので、直接、国民を拘束するものではない。②予算の効力は一年に限られ、一般の法のように承認性をもたない。③予算は一般の法律とは形態を異にして、計算のみを扱うので予算と法律は根本的に異なる、などといった批判が多数説から出されている。

(五) 予算の修正権

予算は、内閣がこれを作成して国会に提出する（憲七三条五号・八六条）が、国会は、内閣提出の予算案に対して、排除、削減、増額などの修正権を行使しうるかどうかについて問題となる。予算の修正は減額修正（消極的修正）と増額修正（積極的修正）とに分けることがある。減額修正については、明治憲法では、議会は排除削減できないものとされていたが、現行憲法では、財政立憲主義、国民負担の軽減という立場から、原則として、国会の修正権に限界がないとされている。増額修正については、明治憲法では、認められていなかったが、現行憲法では、財政法一九条、国家公務員法一三条で、国会の増額修正を予想した規定を設けていることから、また国会を財政処理の最高決議機関となし、国会中心主義を採っている憲法の趣旨に照らし、ある程度の国会の増額修正は可能であるが、予算の同一性をそこなうような大修正は許されないものと解される。

(六) 予算と法律

予算は法律と等しく、国会の議決によって成立するものであるが(外国においては予算を法律の形式で制定するところも多い)、法律とは全くその性質を異にするという立場と、これを国法の一形式とみる立場がある。

予算と法律との関係でその効力が問題となる。すなわち、効力関係においては上下優劣はなく、法律は、一般国民の権利義務を規定するのに反し、予算は国家機関を拘束するにとどまり、一般国民を拘束するものではない。さらに、法律の内容は漠然と抽象的で、同じ行為に対して何度も適用されるが、予算のそれは、具体的特定的で、一会計年度の間だけ通用するものである。予算と法律とを形式上区別しない国もあるが、予算が以上のような特性を有するところから、法律とは別に、予算という独自の法形式が与えられている。

(七) 公の財産の支出・利用の制限

憲法八九条は、「公金その他の公の財産は、宗教上の組織若しくは団体の使用、便益若しくは維持のため、又は公の支配に属しない慈善、教育若しくは博愛の事業に対し、これを支出し、又はその利用に供してはならない」と規定して、財産処理の民主化のため、公金その他の公の財産の支出・使用について制限を設けているのである。

八九条は、公金その他の公の財産の支出・使用について国会の議決に基づかなければならないとして明確に禁止している。すなわち、前段は、信教の自由を保障するためのものであり、後段は、慈善・教育の中立・博愛事業の自主制を損なわないように規定したものである。この点に関連して、①宗教上の組織若しくは団体への公金等の支出、②私立学校等に対する補助金支出が問題となる。①の公金等が禁止される「宗教上の組織若しくは団体」の概念をめぐっては、宗教上の組織・団体が厳格な意味における宗教団体に限定されるのか、あるいは広く宗教上の事業ないし活動を行う団体も含むかについて争いのあるところである。宗教上の組織とは、寺院、神社のような物的施設を中心とした財団的なものを意味し、宗教上の団体とは、教派、宗派、教団のような人の結合を中心とした社団的なものを意味すると解し、宗教上の組織、団体を厳格な意味でとらえている。この狭義説が一般的であるが、これに対して広義説は、宗教上の組織と団体との厳密な区分けが困難とし、要するに「宗教上の事業ないし活動を行う目的をもって組織されている団体」を意味し、その団体とは、厳格に制度化され、組織化されたものに限らず、緩やかな結合体を含むと解する見解が示されている。いわゆる箕面忠魂碑訴訟では、本条の宗教上の組織若しくは団体に該当するかが争点になった。

第一審判決（大阪地判昭五七・三・二四判時一〇三六・二〇）は、「広く信仰、礼拝、布教等の宗教的意義を有する事業ないし活動に対し、公の財産を支出し、利用させることが、当該宗教活動に対する援助、助長、促進等の結果をもたらす場合には、厳格な意味での宗教上の組織もしくは団体に対するものに限らず、これを一切禁じる趣旨である」と判示して、宗教施設である忠魂碑に対する便宜供与は本条に違反するとした。これに対し第二審（大阪高判昭六二・七・一六判時一二三七・三）は、「宗教上の組織若しくは団体」とは「宗教的活動を目的とする団体をいうものと解すべきであり、このような目的を有しない団体が、その本来の事業の目的を遂行するうえで臨時的又は定期的に宗教的行事ないし宗教にかかわり合いのある行為を企画実行しているからといって、本条の宗教上の組織・団体に該当するものと解することはできない」と判示した。

最高裁（最判平五・二・一六民集四七・三・一六八七）も、本条の「宗教上の組織若しくは団体」とは、「特定の宗教の信仰、礼拝又は普及等の宗教活動を行うことを目的とする組織ないし団体を指すものと解する」として、本件遺族会は「戦没者遺族の相互扶助・福祉向上と英霊の顕彰を主たる目的として設立され活動している団体」であり、本条の宗教上の組織・団体に該当しないとした。

八九条は、「公の支配に属しない」事業に対する公金支出・財産供用を禁じている。この点、私立学校に対する公金の支出(私学助成)が憲法に違反するのではないかとの疑義が出されている。厳格説によれば、事業予算の決定、その執行監督、人事関与等に対し、これらが及ばない私立学校等への公金支出は違憲であるとしている。これに対して緩和説は、「公の支配」を緩やかに解釈しつつ、私学助成の合憲性を示している。判例も、私学助成と公の支配に関し、「本条後段の教育事業に対する公の財産の支出、利用の規制の趣旨は、公の教育の趣旨、目的に合致しない教育活動に公の財産が濫費されることを防止することにあるが、私学事業に対する公的援助は、一般的には公の利益に沿うから、右規制は、同条前段のように厳格である必要はない……」と判示している(東京高判平二・一・二九高民集四三・一・一)。

(八) 財政民主主義の現状

以上のごとく、確立された財政民主主義ないし財政国会中心主義も財政の能率化の名のもとに、行政国家化し、行政権が拡大・強化されていることから、経済の計画化や行政の計画化に伴い、補助金行政、財政投融資、租税特別措置等々のあらゆる部面で、行政の果たす役割が大きくなってきた。それゆえ、財政に対する国会によるコントロールにも限界が生じ、財政民主主義、財政国会中心主義の原則も漸次形骸化が指摘されている。

〈参考文献〉

清宮四郎『憲法Ⅰ〈第三版〉』（法律学全集）有斐閣、一九九〇年。
小林孝輔・芹沢斉編『基本法コンメンタール憲法〈第四版〉』日本評論社、一九九七年。
芦部信喜・高橋和之・長谷部恭男編『憲法判例百選ⅠⅡ〈第四版〉』（別冊ジュリスト）有斐閣、二〇〇〇年。

6　地方自治

(一)　はじめに

明治憲法上、地方自治に関する規定は全くみられなかった。地方制度――市制・町村制および府県制――は、もっぱら法律によって定められていたのである。したがって、当時の地方制度は、国の立法政策に委ねられ、時の政府の政策に大きく左右されたのである。しかも、当時の法律は、地方公共団体に対する中央官庁の監督権を大幅に認めていたから、法律の解釈に疑義があるときは、監督官庁の示す解釈が公定解釈として尊重された。*

ところが、日本国憲法は、地方自治のために、新たに一章四ケ条を設け、地方自治を、憲法上の制度として保障するのである。日本国憲法第八章は、まず、九二条で、「地方自治の本旨」にもとづく地方制度の確立を保障し、ついで、この原則をさらに具体化するものとして、九三条で地方自治体の機関の民主化を定め、九四条では地方自治体の自治権を保障し、最後に、九五条で、一つの地方自治体にのみ適用される法律についての特別規定を設けている。以下、これを分説しよう。

＊　当時の地方制度は、法律によって、中央政府のきびしい監督のもとにおかれていて、地方自治は十分に保障されていなかった。都道府県知事は、中央政府によって任命され、自治行政は「官ノ監督ヲ承ケ」て実施されることになっていた。

(二)　地方自治の基本原則

憲法九二条は、地方自治に関する基本原則を示すものである。それによると、「地方公共団体の組織及び運営に関する事項」は、「法律」で定めなければならないし、しかも、この「法律」は、「地方自治の本旨に基いて」定められなければならないのである。この規定にもとづいて、地方自治の基本をなす法律として、「地方自治法」（以下、自治と略す）が制定されている。

(a)　地方自治体

ここでいう「地方公共団体」（地方自治体）とは、具体的には、「普通地方公共団体」―都道府県・

市町村―と「特別地方公共団体」―特別区*・地方公共団体の組合・財産区および地方開発事業団―を指す（自治一条の三）。

「地方公共団体」のなかでも最も重要な役割を演ずるのが「普通地方公共団体」である。これは、都道府県と市町村の二重構造から成り立っており、しかも、市町村を基礎的地方公共団体とする（自治二条三項）、この二重構造性は、憲法施行当時からのシステムとして維持されているのである。

この二重構造性は、憲法上の要請であり、その変更は許されないとする意見があるが、しかし、それは必ずしも正しいとはいえない。憲法上要請されているのは、地方自治が「地方自治の本旨」にもとづいて法律で定められるべきであるとする点である。したがって、「地方自治の本旨」に反しない限り、この二重構造性を若干修正しても、それは憲法に違反するとはいえないであろう。

＊ 東京都の「特別区」が憲法上の地方公共団体であるか否かについて、最高裁は、特別区の実態から判断して「憲法九三条二項の地方公共団体と認めることはできない」と判示した（最(大)判昭和三八・三・二七・刑集一七・二・一二一）。

(b) **地方自治の本旨**

地方行政において自治が認められている、というためには、「住民自治」と「団体自治」が確保されていなければならない。憲法が「地方自治の本旨」に基づくという場合、この趣旨が強調されている、と解すべきであろう。つまり、地方行政では、「住民自治」と「団体自治」の二つの要素が不可欠である、とするのである。

住民自治とは、地域の住民が地域的な行政のニーズを自らの意思と責任において満足させることをいい、団体自治とは、国から独立した団体が自らの責任においてその事務を処理することをいう。地方自治という場合、このように、住民自治と団体自治の二つの要素をそなえていることを要するが、住民自治の要素を欠く場合も、地方自治と呼ばれることがある（戦前の都道府県の制度をその例として挙げることができよう。そこでは、住民自治の要素が希薄であった）。しかし、それは真の「自治」であるとはいえない。それは、地域の団体が単に国から独立しているに過ぎないからである。やはり、真の自治であるというためには、「自ら治めること」が必要であり、住民自治は不可欠である。憲法の意図するところも、その点にあると解すべきであろう。

そこで、「地方自治の本旨に基づいて」とは、地方自治のあるべき姿に沿うように、との意味であり、それは、したがって、地方行政が住民自治と団体自治の二つの要素からなる考え方にもとづいて行われるべきであることを意味する。つまり、地方行政は、地方住民が自ら構成する団体を通じて自らの手で処理すべきである、ということになる。そして、その実効性が確保されるためには、その団体の財政上の自主性が確立されなければならないのである。

(c) **地方自治権の法的性格**

すでに述べたように、憲法上、地方自治が保障されるようになったが、その保障のあり方あるいはその根拠についての理解の仕方に関し、種々の見解が主張されている。

まず、固有権説であるが、これによると、地方公共団体の自治権は、個人の持つ人権と同じく、地方自治体が前国家的にもつところの不可侵の権利である、と理解するのである。この考え方は、地方の団体が地域住民の共同の利益を守るために国家の成立に先んじて自然発生的に誕生した経緯を踏まえて主張される。これは、憲法上地方自治が保障されていなかった明治憲法のもとで、地方制度上の自治権拡張の論拠として主張された。

つぎに、伝来説が挙げられる。これによると、近代国家においては、すべての権力の淵源が国家にある以上、地方自治権も国家の統治権に由来し、国家主権の一部が地方団体に移譲されたものである、と理解するのである。したがって、地方制度も国法秩序によって基礎づけられるのである。憲法九二条が「地方公共団体の組織及び運営は……法律でこれを定める」として、国の立法によって地方自治体の組織や権能を定めるとしているのは、その趣旨を表明したものである、と理解するのである。

ところで、伝来説によると、地方公共団体の組織と権能が国の立法に由来するのであるが、しかし、だからといって、国は法律によりさえすれば、それを自由にどのようにも定めてよいというものではない。というのは、憲法が地方制度についての定めを法律に委ねているといっても、それは、あくまでも、「地方自治の本旨」にもとづく地方制度の形式を法律に委ねているのであって、地方制度についての国の立法政策の自由を認めているわけではないからである。このように、憲法が「地方自治の本旨」に沿った地方制度の制度化を立法上保障していることを、「制度的保障」というのである。したがって、国が地方の自治権を否定するような内容をもった法律を制定したり、地方自治体の存立自体は認めても、その核心的部分を否定するような法律を制定したりするとすれば、それは、憲法上要請される地方自治の制度的保障に反することになる。

(三) 地方自治体の機関組織

(a) 地方自治体の組織のあり方

憲法は、国の政治については、議院内閣制あるいは議会制（Parliamentary system）を採用しているが、地方の政治については、大統領型あるいは首長制（Presidential system）を採った。* つまり、九三条は、「議事機関として」の「議会の議員」のみならず、「地方公共団体の長」も、その地方自治体の住民が直接選任する、と規定した。

このように、憲法は地方行政に関しては首長制を採用しているといえるが、しかし、必ずしも完全な首長制を採っているとはいえない。というのは、議会による長の不信任議決と、これに対する長の議会解散権のような、議院内閣制に類似した制度もその一部としてとり入れているからである（自治一七八条）。

* 議院内閣制あるいは議会制とは、国民・住民によって選ばれた代表者によって構成される議会の意思によって執行機関が選任され、その執行機関は、議会の信任を選任および在任の条件とし、直接には議会に対し、間接には議会を通して国民・

住民に対して責任を負うとされるシステムである。

これに対し、大統領制あるいは首長制とは、議会を構成する議員も執行機関もともに、直接、国民・住民の選挙によって選ばれ、それぞれの職務権限について、両者それぞれが直接国民・住民に対して責任を負うとされるシステムである。

議院内閣制も大統領制も、それぞれ一長一短がある。前者では、議会での多数党の勢力が確立されると、行政の円滑な運営を可能にし、後者では、議会と執行機関との間で抑制と調和がはかられ、公正な行政を確保することを可能にする。しかし、その反面、前者では、小党が分立すると、議会での勢力が不安定となり、行政の運営に安定性を欠くおそれが生じるし、後者では、議会と執行機関とが対立すると、行政の円滑な運営が妨げられることになる。

(b) 地方自治体の機関

まず、地方自治体は、議事機関として、議会を設置しなければならないし、しかも、その議会の議員は直接住民によって選ばれなければならない。その組織および権限については、自治法が詳細にわたって規定する。

ついで、執行機関として、「地方公共団体の長」が設けられなければならない。都道府県知事・市町村長など、その例である。「地方公共団体の長」も直接住民の選挙によって選ばれるのである。

もっとも、明治憲法のもとでは、知事は天皇の任命大権にもとづいて任命され、市長村長は市町村会の意思にもとづいて選ばれていたのであるから、このように、執行機関の首長が直接住民によって選ばれるということは、地方制度の根本的変革を意味する。

(四) 地方自治体の権能

(a) 地方自治体の自治権

明治憲法のもとでは、地方公共団体は、単なる事業団体的色彩が強く、限られた範囲内の権能しか認められていなかったが、現憲法のもとでは、その九四条で、地方自治体の自治権をひろく保障するようになった。

九四条は、地方自治体が「地方自治の本旨」にもとづいてその運営を行うに際し、当然に行使することが予想される権能を概括的に列挙している。したがって、ここに列挙されている事項は、制限的なものではなく、例示的列挙である。

その権能として、まず、「その財産を管理し、事務を処理し、及び行政を執行する権能」が認められる。

ここに「財産の管理」とは、自治体の一切の財産―動産・不動産・その他の財産―の取得・保管・運用・処分を意味する。「事務の処理」とは、「行政の執行」を除いた一切の事務、主に非権力的作用を意味する。「行政の執行」とは、主として、権力的な作用―警察権・課税権・強制権など―を意味する。*

＊ 一九九五年五月、「地方分権を総合的かつ計画的に推進すること」を目的とした「地方分権推進法」が制定された。これは、

五年間の時限立法であるが、地方分権の推進に関する基本方針を示し、総理府に設置される「地方分権推進委員会」の勧告を受け、政府が分権に必要な法改正などを盛りこんだ「地方分権推進計画」を策定することを内容とする。

そして、二〇〇〇年四月一日、地方分権推進委員会の勧告を受けて策定された「地方分権一括法」が施行され、地方分権推進計画にもとづく関連法が改正された。地方自治法をはじめ四百七十五本の関連法が一挙に改正された。

改正地方自治法は、国は「国家としての存立にかかわる事務」など「国が本来果たすべき役割」を重点的に担い、「住民に身近な行政はできる限り地方公共団体にゆだねること」をその基本とした（一条の二第二項）。そして、すべての機関委任事務が廃止され、それが自治体の裁量で行う「自治事務」と法令によって自治体に委託される「法定受諾事務」とに配分された（二条八項・九項・一〇項）。その結果、自治体が独自に判断できる仕事は、これまで、都道府県で全体の二割、市町村は六割だったが、機関委任事務の廃止により、都道府県で六割強、市町村では八割強に増えることになる。また、地方をコントロールするために多用されてきた「通達」も廃止され、自治体行政への国の関与は「法律又はこれに基づく政令」に基づかなければならなくなった（二四二条の二）。

(b) 条例制定権とその限界

九四条はさらに、地方自治体は「法律の範囲内で条例を制定することができる」と定める。これは、地方自治体の自治立法権を規定したものである。ここに「条例」とは、国の立法に対応するもので、地方自治体がその自治権にもとづいて定立する自主法をいう。つまり、それは、広く、地方自治体の行う立法作用を意味する。したがって、地方議会によって制定される「条例」（自治一四条）のほかに、地方自治体の長の制定する「規則」（一五条）なども、これに含まれる。これらの条例・規則の制定は、「法律の範囲内」で、つまり、「法令に違反しない限りにおいて」（自治一四条一項・一五条一項）認められるのである。* しかも、地方自治体の自治権が今日では従前にも増して強化されており、それに伴って、その事務の範囲も広範にわたり、自主法である条例による立法が著しく増加した。

ところで、条例によって規律される対象事項であるが、それに関して、自治法は、①まず、二条二項の事務を挙げ、②ついで、それが「法令に違反しない」内容のものでなければならないとする（一四条一項）。

① まず、二条二項の事務として、「地域における事務」と「その他の事務で法律又はこれに基づく政令により処理することとされるもの」が挙げられる。したがって、自治事務と法令により自治体で処理することが認められる事務が条例の規律の対象となるが、それ以外の国の事務（たとえば、刑事犯の創設とか、物権の設定などのような、全国民の利害に関する事項など）は、その対象とはならない。

ところで、条例で財産権の行使に対する規制を定めることができるか、が問題となる。これを否定する見解によると、その理由として、財産権の行使に関する事項は全国民に関する事項であることと、憲法がその二九条二項で「財産権の内容は……法律でこれを定める」と規定していることが挙げられる。したがって、財産権の制約は、もっぱら法律によるべきであって、自治体の条例によるべきではない、とされるのである。

しかし、財産権の行使に関する事項であっても、それを規制することがその地域社会にとって必要であるとするならば、自治体が条例でそれを規律することができると解しても、不都合であるといえないであろう。** その規制が「地方自治の本旨」の観点から地域社会の健全な発展を図るうえで不可欠であると解される場合があるからである（たとえば、「自然保護条例」や「モーテル規制条例」など）。また、「公安条例」など、精神的自由に対する条例による規制が憲法に違反しないとされる「東京都公安条例事件」（最㈹判昭三五・七・二〇、刑集一四・九・一二四三、「岐阜県青少年保護育成条例」最㈹判平元・九・一九、刑集四三・八・七八五）は、財産権に対する条例による規制も許されると解する方が妥当であろう。精神的自由が経済的自由よりも優位するとする理解が憲法解釈上一般的である（「小売商業調整特別措置法違反事件」最㈹判昭四七・一一・二二、刑集二六・九・五八六、判時六八七・二三）からである。

② つぎに、条例によって規律される事項が「法令に違反しない」ものでなければならない、とされる点である。自治体の制定する条例は、このように、国の法令に抵触してはならないのであるが、しかし、どのような場合が法令に抵触するのかについては、疑問がないとはいえない。

国の法令が全く規制していない領域については、条例が任意に規制することができると解されている（その例として、売春防止法成立以前の各自治体の「売春防止条例」、各都道府県の「青少年保護育成条例」、各都道府県、市町村の「情報公開条例」や「個人情報保護条例」など。なお、「大阪市売春防止条例事件」についての最判昭三七・五・三〇刑集一六・五・五七七参照）。

しかし、国の法令が規制している事項については、条例は全く規律することができないかが問題となる。かつて、法令で規制されている事項については、条例でそれとは異なる内容の規定を設けることは許されないとする「法令先占論」が支配的であったが、今日では、その理論は斥けられる傾向にある。もっとも、法令の規制対象を条例が別目的で規律した場合には、それは法令に抵触しないと解されている（「飼犬取締条例」は狂犬病予防法に反しないとされる）。

ところが、法令がある事項についてすでに規制しているときに、条例が同じ事項について同じ目的でその法令以上の規制を行うとした場合、それは法令に違反し許されないのであろうか。その例として、公害に関する条例による「上乗せ・横出し」規制が挙げられる。しかも、実際には、一九六九年に、東京都公害防止条例が制定されて以降、各自治体では「先占理論」を無視した、法令を上回るきびしい規制（排出基準の強化・立入調査権など）を内容とした公害防止条例が制定されているのである。したがって、学説上は、国の法律のなかにはナショナル・ミニマム（全国最低規制基準）法があり、地域の事情によっては、条例がそれについてかさねて「上乗せ・横出し」などきびしい定めをすることができると解されるようになった**。法律によっては、それを容認しているものもある（大気汚染防止法四条一項・騒音規制法四条二項など）。

＊ その点に関する最高最判決として、「奈良県ため池条例事件」（最（大）判昭三八・六・二六、刑集一七 五・五二一、判時三四〇・五）を挙げることができる。控訴審の大阪高裁は、私有財産に対する条例による規制が憲法二九条二項に違反するとしたが、最高裁は、これを破棄し、そのような規制が憲法に違反するとはせずに「本条例は、災害を防止し公共の福祉を保持するためのものであり、その四条二号は、ため池の提とうを使用する財産上の権利の行使を著しく制限するものではあるが、結局それは災害を防止し公共の福祉を保持する上に社会生活上已むを得ないものであり、そのような制約は、ため池の

提とうを使用し得る財産権を有する者が当然受忍しなければならない」とした。

＊＊　最高裁は、この点に関し、「徳島市公安条例事件」（最㈫判昭五〇・九・一〇、刑集二九・八・四八九、判時七八七・二二）で、次のように述べている。「条例が国の法令に違反するかどうかは、両者の対象事項と規定文言を対比するのみでなく、それぞれの趣旨、目的、内容及び効果を比較し、両者の間に矛盾抵触があるかどうかによってこれを決しなければならない。たとえば、ある事項について国の法令中にこれを規律する明文の規定がない場合でも、当該法令全体からみて、右規定の欠如が特に当該事項についていかなる規制をも施すことなく放置すべきものとする趣旨であると解されるときは、これについて規律を設ける条例の規定は国の法令に違反することとなりうるし、逆に特定事項を規律する国の法令と条例が併存する場合でも、後者が前者と別の目的に基づく規律を意図するものであり、その適用によって前者の規定の意図する目的と効果をなんら阻害することがないときや、両者が同一の目的に出たものであっても、国の法令が必ずしもその規定によって全国的に一律に同一内容の規制を施す趣旨ではなく、それぞれの普通地方公共団体において、その地方の実情に応じて、別段の規制を施すことを容認する趣旨であると解されるときは、国の法令と条例との間にはなんら矛盾抵触はなく、条例が国の法令に違反する問題は生じえない。」

〈参考文献〉

俵静夫『地方自治法』有斐閣、一九六五年。
原田尚彦『地方自治法―その法としくみ』学陽書房、一九八三年。
和田英夫『地方自治法論』学陽書房、一九九五年。

《資料》

日本国憲法

［一九四六（昭和二一）・十一・三公布］
［一九四七（昭和二二）・五・三施行］

朕は、日本国民の総意に基いて、新日本建設の礎が、定まるに至つたことを、深くよろこび、枢密顧問の諮詢及び帝国憲法第七十三条による帝国議会の議決を経た帝国憲法の改正を裁可し、ここにこれを公布せしめる。

御名御璽

昭和二十一年十一月三日

内閣総理大臣兼外務大臣　吉田　茂
国務大臣　男爵　幣原喜重郎
司法大臣　木村篤太郎
内務大臣　大村清一
文部大臣　田中耕太郎
農林大臣　和田博雄
国務大臣　斎藤隆夫
逓信大臣　一松定吉
商工大臣　星島二郎
厚生大臣　河合良成
国務大臣　植原悦二郎
運輸大臣　平塚常次郎
大蔵大臣　石橋湛山
国務大臣　金森徳次郎
国務大臣　膳　桂之助

前文

日本国民は、正当に選挙された国会における代表者を通じて行動し、われらとわれらの子孫のために、諸国民との協和による成果と、わが国全土にわたつて自由のもたらす恵沢を確保し、政府の行為によつて再び戦争の惨禍が起ることのないやうにすることを決意し、ここに主権が国民に存することを宣言し、この憲法を確定する。そもそも国政は、国民の厳粛な信託によるものであつて、その権威は国民に由来し、その権力は国民の代表者がこれを行使し、その福利は国民がこれを享受する。これは人類普遍の原理であり、この憲法は、かかる原理に基くものである。われらは、これに反する一切の憲法、法令及び詔勅を排除する。

　日本国民は、恒久の平和を念願し、人間相互の関係を支配する崇高な理想を深く自覚するのであつて、平和を愛する諸国民の公正と信義に信頼して、われらの安全と生存を保持しようと決意した。われらは、平和を維持し、専制と隷従、圧迫と偏狭を地上から永遠に除去しようと努めてゐる国際社会において、名誉ある地位を占めたいと思ふ。われらは、全世界の国民が、ひとしく恐怖と欠乏から免かれ、平和のうちに生存する権利を有することを確認する。

　われらは、いづれの国家も、自国のことのみに専念して他国を無視してはならないのであつて、政治道徳の法則は、普遍的なものであり、この法則に従ふことは、自国の主権を維持し、他国と対等関係に立たうとする各国の責務であると信ずる。

　日本国民は、国家の名誉にかけ、全力をあげてこの崇高な理想と目的を達成することを誓ふ。

第一章　天皇

第一条　天皇は、日本国の象徴であり日本国民統合の象徴であつて、この地位は、主権の存する日本国民の総意に基く。
第二条　皇位は、世襲のものであつて、国会の議決した皇室典範の定めるところにより、これを継承する。
第三条　天皇の国事に関するすべての行為には、内閣の助言と承認を必要とし、内閣が、その責任を負ふ。
第四条　天皇は、この憲法の定める国事に関する行為のみを行ひ、国政に関する権能を有しない。
②　天皇は、法律の定めるところにより、その国事に関する行為を委任することができる。
第五条　皇室典範の定めるところにより摂政を置くときは、摂政は、天皇の名でその国事に関する行為を行ふ。この場合には、前条第一項の規定を準用する。
第六条　天皇は、国会の指名に基いて、内閣総理大臣を任命する。
②　天皇は、内閣の指名に基いて、最高裁判所の長たる裁判官を任命する。

第七条　天皇は、内閣の助言と承認により、国民のために、左の国事に関する行為を行ふ。
一　憲法改正、法律、政令及び条約を公布すること。
二　国会を召集すること。
三　衆議院を解散すること。
四　国会議員の総選挙の施行を公示すること。
五　国務大臣及び法律の定めるその他の官吏の任免並びに全権委任状及び大使及び公使の信任状を認証すること。
六　大赦、特赦、減刑、刑の執行の免除及び復権を認証すること。
七　栄典を授与すること。
八　批准書及び法律の定めるその他の外交文書を認証すること。
九　外国の大使及び公使を接受すること。
十　儀式を行ふこと。
第八条　皇室に財産を譲り渡し、又は皇室が、財産を譲り受け、若しくは賜与することは、国会の議決に基かなければならない。

第二章　戦争の放棄

第九条　日本国民は、正義と秩序を基調とする国際平和を誠実に希求し、国権の発動たる戦争と、武力による威嚇又は武力の行使は、国際紛争を解決する手段としては、永久にこれを放棄する。
②　前項の目的を達するため、陸海空軍その他の戦力は、これを保持しない。国の交戦権は、これを認めない。

第三章　国民の権利及び義務

第十条　日本国民たる要件は、法律でこれを定める。
第十一条　国民は、すべての基本的人権の享有を妨げられない。この憲法が国民に保障する基本的人権は、侵すことのできない永久の権利として、現在及び将来の国民に与へられる。
第十二条　この憲法が国民に保障する自由及び権利は、国民の不断の努力によつて、これを保持しなければならない。又、国民は、これを濫用してはならないのであつて、常に公共の福祉のためにこれを利用する責任を負ふ。
第十三条　すべて国民は、個人として尊重される。生命、自由及び幸福追求に対する国民の権利については、公共の福祉に反しない限り、立法その他の国政の上で、最大の尊重を必要とする。
第十四条　すべて国民は、法の下に平等であつて、人種、信条、性別、社会的身分又は門地により、政治的、経済的又は社会的関係において、差別されない。
②　華族その他の貴族の制度は、これを認めない。
③　栄誉、勲章その他の栄典の授与は、いかなる特権も伴はない。栄典の授与は、現にこれを有し、又は将来これを受ける者の一代に限り、その効力を有する。
第十五条　公務員を選定し、及びこれを罷免することは、国民固有の権利である。
②　すべて公務員は、全体の奉仕者であつて、一部の奉仕者ではない。
③　公務員の選挙については、成年者による普通選挙を保障する。
④　すべて選挙における投票の秘密は、これを侵してはならない。選挙人は、その選択に関し公的にも私的にも責任を問はれない。
第十六条　何人も、損害の救済、公務員の罷免、法律、命令又は規則の制定、廃止又は改正その他の事項に関し、平穏に請願する権利を有し、何人も、かかる請願をしたためにいかなる差別待遇も受けない。
第十七条　何人も、公務員の不法行為により、損害を受けたときは、法律の定めるところにより、国又は公共団体に、その賠償を求めることができる。
第十八条　何人も、いかなる奴隷的拘束も受けない。又、犯罪に因る処罰の場合を除いては、その意に反する苦役に服させられない。
第十九条　思想及び良心の自由は、これを侵してはならない。
第二十条　信教の自由は、何人に対してもこれを保障する。いかなる宗教団体も、国から特権を受け、又は政治上の権力を行使してはならない。
②　何人も、宗教上の行為、祝典、儀式又は行事に参加することを強制されない。
③　国及びその機関は、宗教教育その他いかなる宗教的活動もしてはならない。
第二十一条　集会、結社及び言論、出版その他一切の表現の自由は、これを保障する。
②　検閲は、これをしてはならない。通信の秘密

は、これを侵してはならない。
第二十二条　何人も、公共の福祉に反しない限り、居住、移転及び職業選択の自由を有する。
② 何人も、外国に移住し、又は国籍を離脱する自由を侵されない。
第二十三条　学問の自由は、これを保障する。
第二十四条　婚姻は、両性の合意のみに基いて成立し、夫婦が同等の権利を有することを基本として、相互の協力により、維持されなければならない。
② 配偶者の選択、財産権、相続、住居の選定、離婚並びに婚姻及び家族に関するその他の事項に関しては、法律は、個人の尊厳と両性の本質的平等に立脚して、制定されなければならない。
第二十五条　すべて国民は、健康で文化的な最低限度の生活を営む権利を有する。
② 国は、すべての生活部面について、社会福祉、社会保障及び公衆衛生の向上及び増進に努めなければならない。
第二十六条　すべて国民は、法律の定めるところにより、その能力に応じて、ひとしく教育を受ける権利を有する。
② すべて国民は、法律の定めるところにより、その保護する子女に普通教育を受けさせる義務を負ふ。義務教育は、これを無償とする。
第二十七条　すべて国民は、勤労の権利を有し、義務を負ふ。
② 賃金、就業時間、休息その他の勤労条件に関する基準は、法律でこれを定める。
③ 児童は、これを酷使してはならない。
第二十八条　勤労者の団結する権利及び団体交渉その他の団体行動をする権利は、これを保障する。
第二十九条　財産権は、これを侵してはならない。
② 財産権の内容は、公共の福祉に適合するやうに、法律でこれを定める。
③ 私有財産は、正当な補償の下に、これを公共のために用ひることができる。
第三十条　国民は、法律の定めるところにより、納税の義務を負ふ。
第三十一条　何人も、法律の定める手続によらなければ、その生命若しくは自由を奪はれ、又はその他の刑罰を科せられない。
第三十二条　何人も、裁判所において裁判を受ける権利を奪はれない。
第三十三条　何人も、現行犯として逮捕される場合を除いては、権限を有する司法官憲が発し、且つ理由となつてゐる犯罪を明示する令状によらなければ、逮捕されない。
第三十四条　何人も、理由を直ちに告げられ、且つ、直ちに弁護人に依頼する権利を与へられなければ、抑留又は拘禁されない。又、何人も、正当な理由がなければ、拘禁されず、要求があれば、その理由は、直ちに本人及びその弁護人の出席する公開の法廷で示されなければならない。
第三十五条　何人も、その住居、書類及び所持品について、侵入、捜索及び押収を受けることのない権利は、第三十三条の場合を除いては、正当な理由に基いて発せられ、且つ捜索する場所及び押収する物を明示する令状がなければ、侵されない。
②　捜索又は押収は、権限を有する司法官憲が発する各別の令状により、これを行ふ。
第三十六条　公務員による拷問及び残虐な刑罰は、絶対にこれを禁ずる。
第三十七条　すべて刑事事件においては、被告人は、公平な裁判所の迅速な公開裁判を受ける権利を有する。
②　刑事被告人は、すべての証人に対して審問する機会を充分に与へられ、又、公費で自己のために強制的手続により証人を求める権利を有する。
③　刑事被告人は、いかなる場合にも、資格を有する弁護人を依頼することができる。被告人が自らこれを依頼することができないときは、国でこれを附する。
第三十八条　何人も、自己に不利益な供述を強要されない。
②　強制、拷問若しくは脅迫による自白又は不当に長く抑留若しくは拘禁された後の自白は、これを証拠とすることができない。
③　何人も、自己に不利益な唯一の証拠が本人の自白である場合には、有罪とされ、又は刑罰を科せられない。
第三十九条　何人も、実行の時に適法であつた行為又は既に無罪とされた行為については、刑事上の責任を問はれない。又、同一の犯罪について、重ねて刑事上の責任を問はれない。

第四十条　何人も、抑留又は拘禁された後、無罪の裁判を受けたときは、法律の定めるところにより、国にその補償を求めることができる。

第四章　国会

第四十一条　国会は、国権の最高機関であつて、国の唯一の立法機関である。

第四十二条　国会は、衆議院及び参議院の両議院でこれを構成する。

第四十三条　両議院は、全国民を代表する選挙された議員でこれを組織する。

②　両議院の議員の定数は、法律でこれを定める。

第四十四条　両議院の議員及びその選挙人の資格は、法律でこれを定める。但し、人種、信条、性別、社会的身分、門地、教育、財産又は収入によつて差別してはならない。

第四十五条　衆議院議員の任期は、四年とする。但し、衆議院解散の場合には、その期間満了前に終了する。

第四十六条　参議院議員の任期は、六年とし、三年ごとに議員の半数を改選する。

第四十七条　選挙区、投票の方法その他両議院の議員の選挙に関する事項は、法律でこれを定める。

第四十八条　何人も、同時に両議院の議員たることはできない。

第四十九条　両議院の議員は、法律の定めるところにより、国庫から相当額の歳費を受ける。

第五十条　両議院の議員は、法律の定める場合を除いては、国会の会期中逮捕されず、会期前に逮捕された議員は、その議院の要求があれば、会期中これを釈放しなければならない。

第五十一条　両議院の議員は、議院で行つた演説、討論又は表決について、院外で責任を問はれない。

第五十二条　国会の常会は、毎年一回これを召集する。

第五十三条　内閣は、国会の臨時会の召集を決定することができる。いづれかの議院の総議員の四分の一以上の要求があれば、内閣は、その召集を決定しなければならない。

第五十四条　衆議院が解散されたときは、解散の日から四十日以内に、衆議院議員の総選挙を行ひ、その選挙の日から三十日以内に、国会を召集しなければならない。

② 衆議院が解散されたときは、参議院は、同時に閉会となる。但し、内閣は、国に緊急の必要があるときは、参議院の緊急集会を求めることができる。
③ 前項但書の緊急集会において採られた措置は、臨時のものであつて、次の国会開会の後十日以内に、衆議院の同意がない場合には、その効力を失ふ。
第五十五条　両議院は、各〻その議員の資格に関する争訟を裁判する。但し、議員の議席を失はせるには、出席議員の三分の二以上の多数による議決を必要とする。
第五十六条　両議院は、各〻その総議員の三分の一以上の出席がなければ、議事を開き議決することができない。
② 両議院の議事は、この憲法に特別の定のある場合を除いては、出席議員の過半数でこれを決し、可否同数のときは、議長の決するところによる。
第五十七条　両議院の会議は、公開とする。但し、出席議員の三分の二以上の多数で議決したときは、秘密会を開くことができる。
② 両議院は、各〻その会議の記録を保存し、秘密会の記録の中で特に秘密を要すると認められるもの以外は、これを公表し、且つ一般に頒布しなければならない。
③ 出席議員の五分の一以上の要求があれば、各議員の表決は、これを会議録に記載しなければならない。
第五十八条　両議院は、各〻その議長その他の役員を選任する。
② 両議院は、各〻その会議その他の手続及び内部の規律に関する規則を定め、又、院内の秩序をみだした議員を懲罰することができる。但し、議員を除名するには、出席議員の三分の二以上の多数による議決を必要とする。
第五十九条　法律案は、この憲法に特別の定のある場合を除いては、両議院で可決したとき法律となる。
② 衆議院で可決し、参議院でこれと異なつた議決をした法律案は、衆議院で出席議員の三分の二以上の多数で再び可決したときは、法律となる。
③ 前項の規定は、法律の定めるところにより、

衆議院が、両議院の協議会を開くことを求めることを妨げない。
④　参議院が、衆議院の可決した法律案を受け取つた後、国会休会中の期間を除いて六十日以内に、議決しないときは、衆議院は、参議院がその法律案を否決したものとみなすことができる。
第六十条　予算は、さきに衆議院に提出しなければならない。
②　予算について、参議院で衆議院と異なつた議決をした場合に、法律の定めるところにより、両議院の協議会を開いても意見が一致しないとき、又は参議院が、衆議院の可決した予算を受け取つた後、国会休会中の期間を除いて三十日以内に、議決しないときは衆議院の議決を国会の議決とする。
第六十一条　条約の締結に必要な国会の承認については、前条第二項の規定を準用する。
第六十二条　両議院は、各〻国政に関する調査を行ひ、これに関して、証人の出頭及び証言並びに記録の提出を要求することができる。
第六十三条　内閣総理大臣その他の国務大臣は、両議院の一に議席を有すると有しないとにかかはらず、何時でも議案について発言するため議院に出席することができる。又、答弁又は説明のため出席を求められたときは、出席しなければならない。
第六十四条　国会は、罷免の訴追を受けた裁判官を裁判するため、両議院の議員で組織する弾劾裁判所を設ける。
②　弾劾に関する事項は、法律でこれを定める。

第五章　内閣

第六十五条　行政権は、内閣に属する。
第六十六条　内閣は、法律の定めるところにより、その首長たる内閣総理大臣及びその他の国務大臣でこれを組織する。
②　内閣総理大臣その他の国務大臣は、文民でなければならない。
③　内閣は、行政権の行使について、国会に対し連帯して責任を負ふ。
第六十七条　内閣総理大臣は、国会議員の中から国会の議決で、これを指名する。この指名は、他のすべての案件に先だつて、これを行ふ。
②　衆議院と参議院とが異なつた指名の議決をし

た場合に、法律の定めるところにより、両議院の協議会を開いても意見が一致しないとき、又は衆議院が指名の議決をした後、国会休会中の期間を除いて十日以内に、参議院が、指名の議決をしないときは、衆議院の議決を国会の議決とする。
第六十八条　内閣総理大臣は、国務大臣を任命する。但し、その過半数は、国会議員の中から選ばれなければならない。
② 内閣総理大臣は、任意に国務大臣を罷免することができる。
第六十九条　内閣は、衆議院で不信任の決議案を可決し、又は信任の決議案を否決したときは、十日以内に衆議院が解散されない限り、総辞職をしなければならない。
第七十条　内閣総理大臣が欠けたとき、又は衆議院議員総選挙の後に初めて国会の召集があつたときは、内閣は、総辞職をしなければならない。
第七十一条　前二条の場合には、内閣は、あらたに内閣総理大臣が任命されるまで引き続きその職務を行ふ。
第七十二条　内閣総理大臣は、内閣を代表して議案を国会に提出し、一般国務及び外交関係について国会に報告し、並びに行政各部を指揮監督する。
第七十三条　内閣は、他の一般行政事務の外、左の事務を行ふ。
一　法律を誠実に執行し、国務を総理すること。
二　外交関係を処理すること。
三　条約を締結すること。但し、事前に、時宜によつては事後に、国会の承認を経ることを必要とする。
四　法律の定める基準に従ひ、官吏に関する事務を掌理すること。
五　予算を作成して国会に提出すること。
六　この憲法及び法律の規定を実施するために、政令を制定すること。但し、政令には、特にその法律の委任がある場合を除いては、罰則を設けることができない。
七　大赦、特赦、減刑、刑の執行の免除及び復権を決定すること。
第七十四条　法律及び政令には、すべて主任の国務大臣が署名し、内閣総理大臣が連署することを必要とする。

第七十五条　国務大臣は、その在任中、内閣総理大臣の同意がなければ、訴追されない。但し、これがため、訴追の権利は、害されない。

第六章　司法

第七十六条　すべて司法権は、最高裁判所及び法律の定めるところにより設置する下級裁判所に属する。

② 特別裁判所は、これを設置することができない。行政機関は、終審として裁判を行ふことができない。

③ すべて裁判官は、その良心に従ひ独立してその職権を行ひ、この憲法及び法律にのみ拘束される。

第七十七条　最高裁判所は、訴訟に関する手続、弁護士、裁判所の内部規律及び司法事務処理に関する事項について、規則を定める権限を有する。

② 検察官は、最高裁判所の定める規則に従はなければならない。

③ 最高裁判所は、下級裁判所に関する規則を定める権限を、下級裁判所に委任することができる。

第七十八条　裁判官は、裁判により、心身の故障のために職務を執ることができないと決定された場合を除いては、公の弾劾によらなければ罷免されない。裁判官の懲戒処分は、行政機関がこれを行ふことはできない。

第七十九条　最高裁判所は、その長たる裁判官及び法律の定める員数のその他の裁判官でこれを構成し、その長たる裁判官以外の裁判官は、内閣でこれを任命する。

② 最高裁判所の裁判官の任命は、その任命後初めて行はれる衆議院議員総選挙の際国民の審査に付し、その後十年を経過した後初めて行はれる衆議院議員総選挙の際更に審査に付し、その後も同様とする。

③ 前項の場合において、投票者の多数が裁判官の罷免を可とするときは、その裁判官は、罷免される。

④ 審査に関する事項は、法律でこれを定める。

⑤ 最高裁判所の裁判官は、法律の定める年齢に達した時に退官する。

⑥ 最高裁判所の裁判官は、すべて定期に相当額の報酬を受ける。この報酬は、在任中、これを減

額することができない。

第八十条　下級裁判所の裁判官は、最高裁判所の指名した者の名簿によつて、内閣でこれを任命する。その裁判官は、任期を十年とし、再任されることができる。但し、法律の定める年齢に達した時には退官する。

② 下級裁判所の裁判官は、すべて定期に相当額の報酬を受ける。この報酬は、在任中、これを減額することができない。

第八十一条　最高裁判所は、一切の法律、命令、規則又は処分が憲法に適合するかしないかを決定する権限を有する終審裁判所である。

第八十二条　裁判の対審及び判決は、公開法廷でこれを行ふ。

② 裁判所が、裁判官の全員一致で、公の秩序又は善良の風俗を害する虞があると決した場合には、対審は、公開しないでこれを行ふことができる。但し、政治犯罪、出版に関する犯罪又はこの憲法第三章で保障する国民の権利が問題となつてゐる事件の対審は、常にこれを公開しなければならない。

第七章　財政

第八十三条　国の財政を処理する権限は、国会の議決に基いて、これを行使しなければならない。

第八十四条　あらたに租税を課し、又は現行の租税を変更するには、法律又は法律の定める条件によることを必要とする。

第八十五条　国費を支出し、又は国が債務を負担するには、国会の議決に基くことを必要とする。

第八十六条　内閣は、毎会計年度の予算を作成し、国会に提出して、その審議を受け議決を経なければならない。

第八十七条　予見し難い予算の不足に充てるため、国会の議決に基いて予備費を設け、内閣の責任でこれを支出することができる。

② すべて予備費の支出については、内閣は、事後に国会の承諾を得なければならない。

第八十八条　すべて皇室財産は、国に属する。すべて皇室の費用は、予算に計上して国会の議決を経なければならない。

第八十九条　公金その他の公の財産は、宗教上の組織若しくは団体の使用、便益若しくは維持のため、又は公の支配に属しない慈善、教育若しくは博愛の事業に対し、これを支出し、又はその利用に供してはならない。

第九十条　国の収入支出の決算は、すべて毎年会計検査院がこれを検査し、内閣は、次の年度に、その検査報告とともに、これを国会に提出しなければならない。

② 会計検査院の組織及び権限は、法律でこれを定める。

第九十一条　内閣は、国会及び国民に対し、定期に、少くとも毎年一回、国の財政状況について報告しなければならない。

第八章　地方自治

第九十二条　地方公共団体の組織及び運営に関する事項は、地方自治の本旨に基いて、法律でこれを定める。

第九十三条　地方公共団体には、法律の定めるところにより、その議事機関として議会を設置する。

② 地方公共団体の長、その議会の議員及び法律の定めるその他の吏員は、その地方公共団体の住民が、直接これを選挙する。

第九十四条　地方公共団体は、その財産を管理し、事務を処理し、及び行政を執行する権能を有し、法律の範囲内で条例を制定することができる。

第九十五条　一の地方公共団体のみに適用される特別法は、法律の定めるところにより、その地方公共団体の住民の投票においてその過半数の同意を得なければ、国会は、これを制定することができない。

第九章　改正

第九十六条　この憲法の改正は、各議院の総議員の三分の二以上の賛成で、国会が、これを発議し、国民に提案してその承認を経なければならない。この承認には、特別の国民投票又は国会の定める選挙の際行はれる投票において、その過半数の賛成を必要とする。

② 憲法改正について前項の承認を経たときは、天皇は、国民の名で、この憲法と一体を成すものとして、直ちにこれを公布する。

第十章　最高法規

第九十七条　この憲法が日本国民に保障する基本的人権は、人類の多年にわたる自由獲得の努力の成果であつて、これらの権利は、過去幾多の試練に堪へ、現在及び将来の国民に対し、侵すことのできない永久の権利として信託されたものである。

第九十八条　この憲法は、国の最高法規であつて、その条規に反する法律、命令、詔勅及び国務に関するその他の行為の全部又は一部は、その効力を有しない。

②　日本国が締結した条約及び確立された国際法規は、これを誠実に遵守することを必要とする。

第九十九条　天皇又は摂政及び国務大臣、国会議員、裁判官その他の公務員は、この憲法を尊重し擁護する義務を負ふ。

第十一章　補則

第百条　この憲法は、公布の日から起算して六箇月を経過した日から、これを施行する。

②　この憲法を施行するために必要な法律の制定、参議院議員の選挙及び国会召集の手続並びにこの憲法を施行するために必要な準備手続は、前項の期日よりも前に、これを行ふことができる。

第百一条　この憲法施行の際、参議院がまだ成立してゐないときは、その成立するまでの間、衆議院は、国会としての権限を行ふ。

第百二条　この憲法による第一期の参議院議員のうち、その半数の者の任期は、これを三年とする。その議員は、法律の定めるところにより、これを定める。

第百三条　この憲法施行の際現に在職する国務大臣、衆議院議員及び裁判官並びにその他の公務員で、その地位に相応する地位がこの憲法で認められてゐる者は、法律で特別の定をした場合を除いては、この憲法施行のため、当然にはその地位を失ふことはない。但し、この憲法によつて、後任者が選挙又は任命されたときは、当然その地位を失ふ。

大日本帝国憲法（旧憲法）

告　文

皇朕レ謹ミ畏ミ
皇祖
皇宗ノ神霊ニ誥ケ白サク皇朕レ天壌無窮ノ宏謨ニ循ヒ惟神ノ宝祚ヲ承継シ旧図ヲ保持シテ敢テ失墜スルコト無シ顧ミルニ世局ノ進運ニ膺リ人文ノ発達ニ随ヒ宜ク
皇祖
皇宗ノ遺訓ヲ明徴ニシ典憲ヲ成立シ条章ヲ昭示シ内ハ以テ子孫ノ率由スル所ト為シ外ハ以テ臣民翼賛ノ道ヲ広メ永遠ニ遵行セシメ益〻国家ノ丕基ヲ鞏固ニシ八洲民生ノ慶福ヲ増進スヘシ茲ニ皇室典範及憲法ヲ制定ス惟フニ此レ皆
皇祖
皇宗ノ後裔ニ貽シタマヘル統治ノ洪範ヲ紹述スルニ外ナラス而シテ朕カ躬ニ逮テ時ト倶ニ挙行スルコトヲ得ルハ洵ニ
皇祖
皇宗及我カ
皇考ノ威霊ニ倚藉スルニ由ラサルハ無シ皇朕レ仰テ
皇祖
皇宗及
皇考ノ神祐ヲ禱リ併セテ朕カ現在及将来ニ臣民ニ率先シ此ノ憲章ヲ履行シテ愆ラサラムコトヲ誓フ庶幾クハ
神霊此レヲ鑒ミタマヘ

憲法発布勅語

朕国家ノ隆昌ト臣民ノ慶福トヲ以テ中心ノ欣栄トシ朕カ祖宗ニ承クルノ大権ニ依リ現在及将来ノ臣民ニ対シ此ノ不磨ノ大典ヲ宣布ス
惟フニ我カ祖我カ宗ハ我カ臣民祖先ノ協力輔翼ニ倚リ我カ帝国ヲ肇造シ以テ無窮ニ垂レタリ此レ我カ神聖ナル祖宗ノ威徳ト並ニ臣民ノ忠実勇武ニシテ国ヲ愛シ公ニ殉ヒ以テ此ノ光輝アル国史ノ成跡ヲ貽シタルナリ朕我カ臣民ハ即チ祖宗ノ忠良ナル臣民ノ子孫ナルヲ回想シ其ノ朕カ意ヲ奉体シ朕カ事ヲ奨順シ相与ニ和衷協同シ益〻我カ帝国ノ光栄ヲ中外ニ宣揚シ祖宗ノ遺業ヲ永久ニ鞏固ナラシムルノ希望ヲ同クシ此ノ負担ヲ分ツニ堪フルコトヲ疑ハサルナリ

朕祖宗ノ遺烈ヲ承ケ万世一系ノ帝位ヲ践ミ朕カ親愛スル所ノ臣民ハ即チ朕カ祖宗ノ恵撫慈養シタマヒシ所ノ臣民ナルヲ念ヒ其ノ康福ヲ増進シ其ノ懿徳良能ヲ発達セシメムコトヲ願ヒ又其ノ翼賛ニ依リ与ニ倶ニ国家ノ進運ヲ扶持セムコトヲ望ミ乃チ明治十四年十月十二日ノ詔命ヲ履践シ茲ニ大憲ヲ制定シ朕カ率由スル所ヲ示シ朕カ後嗣及臣民及臣民ノ子孫タル者ヲシテ永遠ニ循行スル所ヲ知ラシム

国家統治ノ大権ハ朕カ之ヲ祖宗ニ承ケテ之ヲ子孫ニ伝フル所ナリ朕及朕カ子孫ハ将来此ノ憲法ノ条章ニ循ヒ之ヲ行フコトヲ愆ラサルヘシ

朕ハ我カ臣民ノ権利及財産ノ安全ヲ貴重シ及之ヲ保護シ此ノ憲法及法律ノ範囲内ニ於テ其ノ享有ヲ完全ナラシムヘキコトヲ宣言ス

帝国議会ハ明治二十三年ヲ以テ之ヲ召集シ議会開会ノ時ヲ以テ此ノ憲法ヲシテ有効ナラシムルノ期トスヘシ

将来若此ノ憲法ノ或ル条章ヲ改定スルノ必要ナル時宜ヲ見ルニ至ラハ朕及朕カ継統ノ子孫ハ発議ノ権ヲ執リ之ヲ議会ニ付シ議会ハ此ノ憲法ニ定メタル要件ニ依リ之ヲ議決スルノ外朕カ子孫及臣民ハ敢テ之カ紛更ヲ試ミルコトヲ得サルヘシ

朕カ在廷ノ大臣ハ朕カ為ニ此ノ憲法ヲ施行スルノ責ニ任スヘク朕カ現在及将来ノ臣民ハ此ノ憲法ニ対シ永遠ニ従順ノ義務ヲ負フヘシ

御名御璽

明治二十二年二月十一日

内閣総理大臣　伯爵　黒田清隆
枢密院議長　伯爵　伊藤博文
外務大臣　伯爵　大隈重信
海軍大臣　伯爵　西郷従道
農商務大臣　伯爵　井上馨
司法大臣　伯爵　山田顕義
大蔵大臣兼内務大臣　伯爵　松方正義
陸軍大臣　伯爵　大山巌
文部大臣　子爵　森有礼
逓信大臣　子爵　榎本武揚

大日本帝国憲法

第一章　天皇

第一条　大日本帝国ハ万世一系ノ天皇之ヲ統治ス

第二条　皇位ハ皇室典範ノ定ムル所ニ依リ皇男子孫之ヲ継承ス
第三条　天皇ハ神聖ニシテ侵スヘカラス
第四条　天皇ハ国ノ元首ニシテ統治権ヲ総攬シ此ノ憲法ノ条規ニ依リ之ヲ行フ
第五条　天皇ハ帝国議会ノ協賛ヲ以テ立法権ヲ行フ
第六条　天皇ハ法律ヲ裁可シ其ノ公布及執行ヲ命ス
第七条　天皇ハ帝国議会ヲ召集シ其ノ開会閉会停会及衆議院ノ解散ヲ命ス
第八条　天皇ハ公共ノ安全ヲ保持シ又ハ其ノ災厄ヲ避クル為緊急ノ必要ニ由リ帝国議会閉会ノ場合ニ於テ法律ニ代ルヘキ勅令ヲ発ス
② 此ノ勅令ハ次ノ会期ニ於テ帝国議会ニ提出スヘシ若議会ニ於テ承諾セサルトキハ政府ハ将来ニ向テ其ノ効力ヲ失フコトヲ公布スヘシ
第九条　天皇ハ法律ヲ執行スル為ニ又ハ公共ノ安寧秩序ヲ保持シ及臣民ノ幸福ヲ増進スル為ニ必要ナル命令ヲ発シ又ハ発セシム但シ命令ヲ以テ法律ヲ変更スルコトヲ得ス
第一〇条　天皇ハ行政各部ノ官制及文武官ノ俸給ヲ定メ及文武官ヲ任免ス但シ此ノ憲法又ハ他ノ法律ニ特例ヲ掲ケタルモノハ各〻其ノ条項ニ依ル
第一一条　天皇ハ陸海軍ヲ統帥ス
第一二条　天皇ハ陸海軍ノ編制及常備兵額ヲ定ム
第一三条　天皇ハ戦ヲ宣シ和ヲ講シ及諸般ノ条約ヲ締結ス
第一四条　天皇ハ戒厳ヲ宣告ス
② 戒厳ノ要件及効力ハ法律ヲ以テ之ヲ定ム
第一五条　天皇ハ爵位勲章及其ノ他ノ栄典ヲ授与ス
第一六条　天皇ハ大赦特赦減刑及復権ヲ命ス
第一七条　摂政ヲ置クハ皇室典範ノ定ムル所ニ依ル
② 摂政ハ天皇ノ名ニ於テ大権ヲ行フ

第二章　臣民権利義務

第一八条　日本臣民タルノ要件ハ法律ノ定ムル所ニ依ル
第一九条　日本臣民ハ法律命令ノ定ムル所ノ資格ニ応シ均ク文武官ニ任セラレ及其ノ他ノ公務ニ就クコトヲ得
第二〇条　日本臣民ハ法律ノ定ムル所ニ従ヒ兵役ノ義務ヲ有ス
第二一条　日本臣民ハ法律ノ定ムル所ニ従ヒ納税ノ義務ヲ有ス

第二二条　日本臣民ハ法律ノ範囲内ニ於テ居住及移転ノ自由ヲ有ス
第二三条　日本臣民ハ法律ニ依ルニ非スシテ逮捕監禁審問処罰ヲ受クルコトナシ
第二四条　日本臣民ハ法律ニ定メタル裁判官ノ裁判ヲ受クルノ権ヲ奪ハルヽコトナシ
第二五条　日本臣民ハ法律ニ定メタル場合ヲ除ク外其ノ許諾ナクシテ住所ニ侵入セラレ及捜索セラルヽコトナシ
第二六条　日本臣民ハ法律ニ定メタル場合ヲ除ク外信書ノ秘密ヲ侵サルヽコトナシ
第二七条　日本臣民ハ其ノ所有権ヲ侵サルヽコトナシ
②公益ノ為必要ナル処分ハ法律ノ定ムル所ニ依ル
第二八条　日本臣民ハ安寧秩序ヲ妨ケス及臣民タルノ義務ニ背カサル限ニ於テ信教ノ自由ヲ有ス
第二九条　日本臣民ハ法律ノ範囲内ニ於テ言論著作印行集会及結社ノ自由ヲ有ス
第三〇条　日本臣民ハ相当ノ敬礼ヲ守リ別ニ定ムル所ノ規程ニ従ヒ請願ヲ為スコトヲ得
第三一条　本章ニ掲ケタル条規ハ戦時又ハ国家事変ノ場合ニ於テ天皇大権ノ施行ヲ妨クルコトナシ
第三二条　本章ニ掲ケタル条規ハ陸海軍ノ法令又ハ紀律ニ牴触セサルモノニ限リ軍人ニ準行ス

第三章　帝国議会

第三三条　帝国議会ハ貴族院衆議院ノ両院ヲ以テ成立ス
第三四条　貴族院ハ貴族院令ノ定ムル所ニ依リ皇族華族及勅任セラレタル議員ヲ以テ組織ス
第三五条　衆議院ハ選挙法ノ定ムル所ニ依リ公選セラレタル議員ヲ以テ組織ス
第三六条　何人モ同時ニ両議院ノ議員タルコトヲ得ス
第三七条　凡テ法律ハ帝国議会ノ協賛ヲ経ルヲ要ス
第三八条　両議院ハ政府ノ提出スル法律案ヲ議決シ及各〻法律案ヲ提出スルコトヲ得
第三九条　両議院ノ一ニ於テ否決シタル法律案ハ同会期中ニ於テ再ヒ提出スルコトヲ得ス
第四〇条　両議院ハ法律又ハ其ノ他ノ事件ニ付各〻其ノ意見ヲ政府ニ建議スルコトヲ得但シ其ノ採納ヲ得サルモノハ同会期中ニ於テ再ヒ建議スルコトヲ得ス

第四一条　帝国議会ハ毎年之ヲ召集ス
第四二条　帝国議会ハ三箇月ヲ以テ会期トス必要アル場合ニ於テハ勅命ヲ以テ之ヲ延長スルコトアルヘシ
第四三条　臨時緊急ノ必要アル場合ニ於テ常会ノ外臨時会ヲ召集スヘシ
② 臨時会ノ会期ヲ定ムルハ勅命ニ依ル
第四四条　帝国議会ノ開会閉会会期ノ延長及停会ハ両院同時ニ之ヲ行フヘシ
② 衆議院解散ヲ命セラレタルトキハ貴族院ハ同時ニ停会セラルヘシ
第四五条　衆議院解散ヲ命セラレタルトキハ勅命ヲ以テ新ニ議員ヲ選挙セシメ解散ノ日ヨリ五箇月以内ニ之ヲ召集スヘシ
第四六条　両議院ハ各〻其ノ総議員三分ノ一以上出席スルニ非サレハ議事ヲ開キ議決ヲ為スコトヲ得ス
第四七条　両議院ノ議事ハ過半数ヲ以テ決ス可否同数ナルトキハ議長ノ決スル所ニ依ル
第四八条　両議院ノ会議ハ公開ス但シ政府ノ要求又ハ其ノ院ノ決議ニ依リ秘密会ト為スコトヲ得
第四九条　両議院ハ各〻天皇ニ上奏スルコトヲ得
第五〇条　両議院ハ臣民ヨリ呈出スル請願書ヲ受クルコトヲ得
第五一条　両議院ハ此ノ憲法及議院法ニ掲クルモノ、外内部ノ整理ニ必要ナル諸規則ヲ定ムルコトヲ得
第五二条　両議院ノ議員ハ議院ニ於テ発言シタル意見及表決ニ付院外ニ於テ責ヲ負フコトナシ但シ議員自ラ其ノ言論ヲ演説刊行筆記又ハ其ノ他ノ方法ヲ以テ公布シタルトキハ一般ノ法律ニ依リ処分セラルヘシ
第五三条　両議院ノ議員ハ現行犯罪又ハ内乱外患ニ関ル罪ヲ除ク外会期中其ノ院ノ許諾ナクシテ逮捕セラル、コトナシ
第五四条　国務大臣及政府委員ハ何時タリトモ各議院ニ出席シ及発言スルコトヲ得

第四章　国務大臣及枢密顧問

第五五条　国務各大臣ハ天皇ヲ輔弼シ其ノ責ニ任ス
② 凡テ法律勅令其ノ他国務ニ関ル詔勅ハ国務大臣ノ副署ヲ要ス
第五六条　枢密顧問ハ枢密院官制ノ定ムル所ニ依リ

天皇ノ諮詢ニ応ヘ重要ノ国務ヲ審議ス

第五章　司法

第五七条　司法権ハ天皇ノ名ニ於テ法律ニ依リ裁判所之ヲ行フ

②　裁判所ノ構成ハ法律ヲ以テ之ヲ定ム

第五八条　裁判官ハ法律ニ定メタル資格ヲ具フル者ヲ以テ之ニ任ス

②　裁判官ハ刑法ノ宣告又ハ懲戒ノ処分ニ由ルノ外其ノ職ヲ免セラルヽコトナシ

③　懲戒ノ条規ハ法律ヲ以テ之ヲ定ム

第五九条　裁判ノ対審判決ハ之ヲ公開ス但シ安寧秩序又ハ風俗ヲ害スルノ虞アルトキハ法律ニ依リ又ハ裁判所ノ決議ヲ以テ対審ノ公開ヲ停ムルコトヲ得

第六〇条　特別裁判所ノ管轄ニ属スヘキモノハ別ニ法律ヲ以テ之ヲ定ム

第六一条　行政官庁ノ違法処分ニ由リ権利ヲ傷害セラレタリトスルノ訴訟ニシテ別ニ法律ヲ以テ定メタル行政裁判所ノ裁判ニ属スヘキモノハ司法裁判所ニ於テ受理スルノ限ニ在ラス

第六章　会計

第六二条　新ニ租税ヲ課シ及税率ヲ変更スルハ法律ヲ以テ之ヲ定ムヘシ

②　但シ報償ニ属スル行政上ノ手数料及其ノ他ノ収納金ハ前項ノ限ニ在ラス

③　国債ヲ起シ及予算ニ定メタルモノヲ除ク外国庫ノ負担トナルヘキ契約ヲ為スハ帝国議会ノ協賛ヲ経ヘシ

第六三条　現行ノ租税ハ更ニ法律ヲ以テ之ヲ改メサル限ハ旧ニ依リ之ヲ徴収ス

第六四条　国家ノ歳出歳入ハ毎年予算ヲ以テ帝国議会ノ協賛ヲ経ヘシ

②　予算ノ款項ニ超過シ又ハ予算ノ外ニ生シタル支出アルトキハ後日帝国議会ノ承諾ヲ求ムルヲ要ス

第六五条　予算ハ前ニ衆議院ニ提出スヘシ

第六六条　皇室経費ハ現在ノ定額ニ依リ毎年国庫ヨリ之ヲ支出シ将来増額ヲ要スル場合ヲ除ク外帝国議会の協賛ヲ要セス

第六七条　憲法上ノ大権ニ基ツケル既定ノ歳出及法律ノ結果ニ由リ又ハ法律上政府ノ義務ニ属スル歳出ハ政府ノ同意ナクシテ帝国議会之ヲ廃除シ又ハ削減スルコトヲ得ス

第六八条　特別ノ須要ニ因リ政府ハ予メ年限ヲ定メ継続費トシテ帝国議会ノ協賛ヲ求ムルコトヲ得

第六九条　避クヘカラサル予算ノ不足ヲ補フ為ニ又ハ予算ノ外ニ生シタル必要ノ費用ニ充ツル為ニ予備費ヲ設クヘシ

第七〇条　公共ノ安全ヲ保持スル為緊急ノ需用アル場合ニ於テ内外ノ情形ニ因リ政府ハ帝国議会ヲ召集スルコト能ハサルトキハ勅令ニ依リ財政上必要ノ処分ヲ為スコトヲ得

②　前項ノ場合ニ於テハ次ノ会期ニ於テ帝国議会ニ提出シ其ノ承諾ヲ求ムルヲ要ス

第七一条　帝国議会ニ於テ予算ヲ議定セス又ハ予算成立ニ至ラサルトキハ政府ハ前年度ノ予算ヲ施行スヘシ

第七二条　国家ノ歳出歳入ノ決算ハ会計検査院之ヲ検査確定シ政府ハ其ノ検査報告ト倶ニ之ヲ帝国議会ニ提出スヘシ

②　会計検査院ノ組織及職権ハ法律ヲ以テ之ヲ定ム

第七章　補則

第七三条　将来此ノ憲法ノ条項ヲ改正スルノ必要アルトキハ勅命ヲ以テ議案ヲ帝国議会ノ議ニ付スヘシ

②　此ノ場合ニ於テ両議院ハ各〻其ノ総員三分ノ二以上出席スルニ非サレハ議事ヲ開クコトヲ得ス出席議員三分ノ二以上ノ多数ヲ得ルニ非サレハ改正ノ議決ヲ為スコトヲ得ス

第七四条　皇室典範ノ改正ハ帝国議会ノ議ヲ経ルヲ要セス

②　皇室典範ヲ以テ此ノ憲法ノ条規ヲ変更スルコトヲ得ス

第七五条　憲法及皇室典範ハ摂政ヲ置クノ間之ヲ変更スルコトヲ得ス

第七六条　法律規則命令又ハ何等ノ名称ヲ用ヰタルニ拘ラス此ノ憲法ニ矛盾セサル現行ノ法令ハ総テ遵由ノ効力ヲ有ス

②　歳出上政府ノ義務ニ係ル現在ノ契約又ハ命令ハ総テ第六十七条ノ例ニ依ル

ま行

や行

ら行

わ行

な行

は行

た行

さ行

索　　引

三好　　充　（国士舘大学教授）　　I，II*1*・*2*，III*1*・*6*
鈴木　義孚　（崇城大学教授）　　II*3*・*4*・*5*，III*5*
長谷川史明　（志學館大学助教授）　　III*2*・*3*・*4*

憲　法　概　論　　〈検印省略〉

2001年4月10日　第1版第1刷発行
2004年4月10日　第1版第2刷発行

著　者　三　好　　充
　　　　鈴　木　義　孚
　　　　長　谷　川　史　明

発行者　中　村　忠　義

発行所　嵯峨野書院

〒615-8045　京都市西京区牛ヶ瀬南ノ口町39　電話(075)391-7686　振替 01020-8-40694

西濃印刷・兼文堂製本

ISBN4-7823-0320-3